14946 9724
FDC

cocina rápida y fácil

china

& oriental

En este libro encontrará una amplia gama de recetas de inspiración china y oriental para todas las ocasiones y todos los gustos. Una comida tradicional china se compone de dos partes: el "fan" o platillo básico de cereal, en forma de arroz, fideos o buñuelos, y el "cai", que abarca los demás elementos de la comida e incluye platillos de pescado, carne, aves y vegetales. Una comida típica comprende una sopa, un platillo de fan y tres o cuatro platillos de cai. Al planificar una comida china, elija técnicas de cocción variadas; así resultará más fácil para usted como cocinero y más interesante para los comensales. Este antiguo proverbio chino sintetiza lo que los chinos sienten con respecto a la comida: "Para el gobernante, el pueblo es el cielo; para el pueblo, la comida es el cielo".

LA DESPENSA

Salvo que se especifique lo contrario, en este libro se usan los siguientes ingredientes:

Crema	doble, apta para batir
Harina	blanca o común
Azúcar	blanca

¿CUÁNTO MIDE UNA CUCHARADA?

Las recetas de este libro fueron probadas con cucharas de 20 ml. Todas las medidas son al ras.

En países donde son más comunes las cucharas de 15 ml, la diferencia será irrelevante en la mayoría de las recetas. En las que llevan polvo para hornear, gelatina, bicarbonato de sodio o pequeñas cantidades de harina o almidón de maíz, conviene añadir una cucharadita a cada una de las cucharadas que se indiquen.

CONTENIDO

D1445686

SOPAS

Las sopas son parte importante de la gastronomía china y asiática, y se toman a cualquier hora del día. En muchos países asiáticos un cuenco de sopa de pollo con arroz es un desayuno popular; los caldos de verduras con fideos son almuerzos rápidos y la sopa es el cierre de los banquetes formales chinos.

Sopa oriental de mariscos

Sopa de pescado y coriandro

Sopa japonesa de cerdo

Sopa de carne de res y jitomate

Sopa oriental de mariscos

SOPA ORIENTAL DE MARISCOS

4 hongos chinos secos, grandes
60 g/2 oz de fideos tipo vermicelli
6 tazas/1,5 litros/2 ½ pt de caldo de pollo
500 g/1 lb de filetes de pescado blanco firme,
cortados en tiras
60 g/2 oz de jamón, cortado en tiras
1 cucharada de salsa de soja
250 g/8 oz de langostinos cocidos, pelados y
desvenados
4 cebollas de rabo, picadas
4 hojas de espinaca grandes, cortadas en fina
juliana

1   Colocar los hongos en un bol y cubrirlos con agua hirviente. Dejarlos en remojo 20 minutos o hasta que estén tiernos. Escurrir, descartar los tallos si es necesario y picar los hongos.

2   Cocinar los fideos en agua hirviente, dentro de una cacerola grande, siguiendo las instrucciones del envase. Colar y reservar.

3   Colocar el caldo en una cacerola grande y llevar a hervor. Bajar el fuego, agregar el pescado, el jamón y la salsa de soja y cocinar a fuego lento 2-3 minutos o hasta que el pescado esté a punto. Agregar los hongos, los langostinos, las cebollas de rabo y la espinaca y cocinar 2-3 minutos más o hasta calentar.

4   Para servir, colocar los fideos en un bol grande, verter encima la sopa y servir de inmediato.

4 porciones

SOPA DE PESCADO Y CORIANDRO

250 g/ 8 oz de filetes de pescado blanco firme,
cortados en trozos de 2,5 cm
1 cucharada de almidón de maíz
4 tazas/1 litro/1 y ¾ pt de caldo de pollo
2 cucharaditas de jengibre fresco rallado
2 cucharaditas de salsa de soja
2 cucharadas de vinagre de manzanas
2 cucharadas de cilantro fresco picado

1   Rebozar los trozos de pescado con el almidón de maíz y reservarlos.

2   Colocar el caldo, el jengibre, la salsa de soja y el vinagre en una cacerola grande y llevar a hervor. Bajar la llama, agregar el pescado y cocinar a fuego lento 2-3 minutos o hasta que el pescado esté a punto. Añadir el cilantro y servir de inmediato.

4 porciones

El caldo de pollo es la base de muchas sopas chinas. Si se lo prepara al estilo chino, se logra un sabor más tradicional. Para hacerlo, necesitará 1 pollo; 2 zanahorias, picadas groseramente; 2 cebollas, picadas groseramente; 4 tallos de apio, picados; 1 trozo de 2,5 cm/1 in de jengibre fresco, pelado; y 2 cucharaditas de salsa de soja. Corte el pollo en presas, colóquelas en una cacerola grande agregue agua y lleve a hervor. Baje el fuego, tape y cocine a fuego lento 1 ½ hora, retirando con espumadera la grasa de la superficie a medida que suba. Retire el pollo y resérvelo para otra preparación. Añada los vegetales y el jengibre a la cacerola, tape y cocine a fuego lento 15 minutos. Incorpore la salsa de soja y cocine a fuego lento 5 minutos más. Cuele el caldo, refrigere y luego descarte la grasa de la superficie. Úselo de inmediato o congélelo hasta que lo necesite.

Sopa japonesa de cerdo

SOPA JAPONESA DE CERDO

El dashi es el caldo básico de pescado que otorga su aroma característico a muchos platillos japoneses. Existe una versión instantánea, que la mayoría de los cocineros japoneses usa en la actualidad del mismo modo que los cocineros occidentales emplean los cubitos de caldo. El dashi instantáneo se consigue en tiendas de comestibles asiáticos.

1 cebolla, cortada en láminas
6 tazas/1,5 litro /2 ½ pt de caldo de pollo
315 g/10 oz de carne de cerdo, cortada en tajadas finas
250 g/8 oz de brotes de bambú en lata, escurridos
2 cucharadas de dashi líquido (opcional)
1 cucharada de jengibre fresco rallado
4 cebollas de rabo, cortadas en aros
1 zanahoria pequeña, cortada en tiras delgadas

1   Colocar la cebolla y el caldo de pollo en una cacerola grande y llevar a hervor. Bajar el fuego, tapar y cocinar a fuego lento 10 minutos.

2   Incorporar el cerdo, los brotes de bambú, el dashi (si se desea), el jengibre y las cebollas de rabo, tapar y cocinar a fuego lento 5-6 minutos o hasta que el cerdo esté tierno. Añadir las tiras de zanahoria y servir de inmediato.

6 porciones

SOPA DE CARNE DE RES Y JITOMATE

125 g/4 oz de carne de res, cortada en tajadas
finas y luego en tiras
1 cucharada de jerez seco
2 cucharaditas de salsa de soja
2 cucharaditas de almidón de maíz
1 cucharada de aceite
6 tazas/1,5 litro /2 ½ pt de caldo de pollo
2 jitomates, pelados y picados
2 huevos, batidos
2 cebollas de rabo, cortadas en aros

1 Colocar en un bol la carne, el jerez, la salsa de soja y el almidón de maíz y mezclar para integrar. Tapar y dejar reposar a temperatura ambiente 20 minutos.

2 Calentar el aceite en un wok o cacerola grande, añadir la mezcla de carne y saltear 2-3 minutos o hasta que la carne se dore. Retirar la carne del recipiente y reservarla.

3 Agregar al recipiente el caldo y los jitomates, llevar a hervor y dejar que hierva 3-4 minutos o hasta que los jitomates estén apenas cocidos. Incorporar los huevos batidos, mientras se revuelve.

4 Distribuir la carne en cuencos, verter encima la sopa, esparcir las cebollas de rabo y servir de inmediato.

4 porciones

Por regla general las sopas livianas y delicadas son aptas para acompañar una comida, mientras que las más pesadas y sustanciosas se sirven solas como comida ligera.

Sopa de carne y jitomate

BOCADILLOS

Comer poco y con frecuencia es una característica de los pueblos de países asiáticos; los llamados finger foods (exquisiteces para comer con la mano) y los snacks o bocadillos son muy populares. En este capítulo encontrará recetas de bocadillos favoritos como las albóndigas de cerdo fritas, las satay de carne y los wontons de cerdo al vapor. Las especialidades de este capítulo también funcionan como buenas entradas para una comida asiática.

Arrolladitos primavera

ARROLLADITOS PRIMAVERA

12 cuadrados de 12,5 cm/5 in de lado de masa
para arrolladitos primavera o wontons
aceite para freír

RELLENO DE CERDO Y VEGETALES
125 g/4 oz de carne de cerdo magra, molida
30 g/1 oz de brotes de soja
¹/₄ col pequeña, picada
2 cebollas de rabo, picadas
1 cucharada de almidón de maíz
1 cucharada de salsa de soja
1 cucharadita de aceite de ajonjolí

1   Para hacer el relleno, colocar en un bol el cerdo, los brotes de soja, la col, las cebollas de rabo, el almidón de maíz, la salsa de soja y el aceite de ajonjolí y mezclar para combinar.

2   Colocar una cucharada de relleno en el centro de cada cuadrado de masa, doblar una esquina sobre el relleno, plegar hacia adentro los lados, enrollar y sellar con agua.

3   Calentar abundante aceite en una cacerola grande hasta que un cubo de pan se tueste en 50 segundos y cocinar pocos arrolladitos primavera por vez 3-4 minutos o hasta dorar. Escurrir sobre papel absorbente y servir de inmediato.

12 unidades

La masa para wonton o arrolladitos primavera se consigue, congelada, en tiendas de comestibles asiáticos y en algunos supermercados.

SAN CHOY BOW

1 cucharada de aceite
500 g/1 lb de carne de cerdo magra, molida
1 cucharada de almidón de maíz
³/₄ de taza/185 ml/6 fl oz de agua
1 cucharada de jerez seco
¹/₂ cucharadita de aceite de ajonjolí
1 cucharada de salsa de ostras
2 chiles rojos pequeños, frescos, picados
1 diente de ajo, machacado
1 cucharadita de jengibre fresco rallado
220 g/7 oz de castañas de agua en lata,
escurridas y picadas
12 hojas de lechuga

1   Calentar el aceite en un wok o sartén grande, añadir la carne de cerdo y freírla, revolviendo, 4-5 minutos o hasta dorar. Retirarla del recipiente y escurrirla sobre papel absorbente. Limpiar el recipiente con papel.

2   Colocar en un bol el almidón de maíz, el agua, el jerez, el aceite de ajonjolí y la salsa de ostras, mezclar para integrar y reservar. Disponer de nuevo la carne de cerdo en el recipiente, agregar los chiles, el ajo, el jengibre, las castañas de agua y la mezcla de almidón y cocinar sobre fuego vivo, revolviendo constantemente, 4-5 minutos o hasta que la mezcla hierva y espese y la carne de cerdo esté cocida.

3   Repartir la preparación caliente sobre las hojas de lechuga y servir de inmediato.

12 unidades

Si desea presentar esta receta como en los restaurantes, sirva la carne y las hojas de lechuga por separado, para que cada comensal arme su propio conjunto. Esto no sólo evita que la lechuga se ponga mustia; además, es divertido. Para disfrutar a pleno esta creación hay que comerla con la mano.

ALBÓNDIGAS TAILANDESAS DE CARNE DE RES Y DE PESCADO

En la cocina asiática está muy extendido el empleo del vino de arroz. Es un producto elaborado a partir de arroz glutinoso, levadura y agua, que se vende en tiendas de comestibles asiáticos. Si no se consigue, se puede reemplazar por jerez seco.

5 tazas/1,2 litro /2 pt de caldo de pollo

ALBÓNDIGAS DE CARNE DE RES
3 hongos chinos secos
500 g/1 lb de carne de res magra, molida
1 cucharada de cilantro fresco picado
3 cebollas de rabo, picadas
1 cucharada de vino de arroz o jerez seco
pimienta negra recién molida

ALBÓNDIGAS DE PESCADO
100 g/3 ½ oz de camarones en lata, escurridos
750 g/ 1 ½ lb de filetes de pescado
blanco firme
1 cucharadita de jengibre fresco picado
3 cucharaditas de almidón de maíz

SALSA DE JENGIBRE
2 cucharaditas de jengibre fresco picado
2 cucharadas de vino de arroz o jerez seco
2 cucharadas de tamari
(salsa de soja japonesa)

1   Para hacer las albóndigas de carne, colocar los hongos en un bol, cubrirlos con agua hirviente y dejarlos en remojo 20 minutos o hasta que estén tiernos. Escurrir, descartar los tallos si es necesario y picar los hongos.

2   Colocar en un bol los hongos, la carne, el cilantro, las cebollas de rabo, el vino de arroz o jerez y pimienta negra a gusto y mezclar bien para combinar. Con las manos mojadas, formar con la mezcla 18 albóndigas y reservarlas.

3   Para hacer las albóndigas de pescado, colocar los camarones y el pescado en la procesadora y procesar hasta picar finamente. Pasar la mezcla a un bol, agregar el jengibre y el almidón de maíz y unir bien. Con las manos mojadas, formar con la mezcla 18 albóndigas y reservarlas.

4   Para hacer la salsa, colocar el jengibre, el vino de arroz o jerez y el tamari (salsa de soja japonesa) en un bol pequeño y mezclar para integrar.

5   Colocar el caldo en una cacerola grande, llevar a hervor y cocinar 5-6 albóndigas de carne o de pescado por vez 4-5 minutos o hasta que estén cocidas. Servir de inmediato, con la salsa.

6 porciones

De arriba abajo: Albóndigas tailandesas de carne y de pescado, Langostinos envueltos en masa, Tempura de mariscos

LANGOSTINOS ENVUELTOS EN MASA

375 g/12 oz de langostinos cocidos, pelados,
desvenados y picados gruesos
1 chile verde fresco, sin semillas y picado
2 cucharaditas de salsa de ostras
24 cuadrados de 12,5 cm/5 in de lado de masa
para arrolladitos primavera o wontons
aceite para freír

SALSA DE CHILE
4 cucharadas de salsa de jitomate
1-2 cucharaditas de salsa
de chile
agua
½ cucharadita de aceite de ajonjolí

1 Colocar en un bol los langostinos, el chile y
la salsa de ostras y mezclar bien para integrar.

2 Colocar una cucharadita colmada de la
mezcla de langostinos en el centro de cada
cuadrado de masa, unir las puntas y retorcerlas
para formar pequeños atados.

3 Para hacer la salsa, colocar en una
cacerolita la salsa de jitomate, la salsa de chile,
el agua y el aceite de ajonjolí. Cocinar sobre
fuego medio, revolviendo constantemente, 3-4
minutos o hasta calentar.

4 Calentar abundante aceite en una cacerola
grande hasta que un cubo de pan se tueste en
50 segundos. Cocinar pocos ataditos por vez
3-4 minutos o hasta dorar. Escurrir sobre papel
absorbente. Servir de inmediato, con la salsa
de chile.

24 unidades

La salsa de ostras se
obtiene a base de un
concentrado de ostras
cocidas, salsa de soja y
salmuera. Es espesa, de
color marrón oscuro y
aroma intenso, y se usa no
sólo en la cocina sino
también en la mesa, como
condimento.

TEMPURA DE MARISCOS

aceite para freír
500 g/1 lb de filetes de pescado blanco firme,
cortados en tiras
250 g/8 oz de filete de salmón, cortado en tiras
250 g/8 oz de langostinos crudos, pelados,
desvenados y con sus colas intactas
90 g/3 oz de anillos de calamares
salsa de chile o de soja para acompañar

BATIDO
2 huevos
1 taza/250 ml/8 fl oz de agua helada
1 taza/125 g/4 oz de harina

1 Para hacer el batido, colocar los huevos y el
agua dentro de un bol y batir hasta que se
mezcle. Agregar la harina, batir hasta integrarla
y luego apoyar el bol sobre hielo.

2 Calentar abundante aceite en un wok
o cacerola grande hasta que un cubo de pan
se tueste en 50 segundos. Sumergir las tiras
de pescado en el batido y freírlas en el aceite,
de a pocas por vez, 3-4 minutos o hasta dorar.
Repetir con el salmón, los langostinos y los
calamares. Servir de inmediato, con salsa
de chile o de soja.

6 porciones

El secreto de un buen
batido para tempura reside
en que esté recién hecho
y muy frío. Para lograr
óptimos resultados
conviene prepararlo justo
antes de la cocción.
Si desea preparar otra
variante de tempura,
reemplace los mariscos por
un surtido de vegetales.
Entre los más populares
figuran los pimientos rojos
o verdes en tiras, los ejotes,
los espárragos, la coliflor
y el brócoli.

SATAY DE CARNE DE RES

500 g/1 lb de carne magra de nalga de res,
cortada en cubos de 1 cm/¹/₂ in
2 dientes de ajo, machacados
60 g/2 oz de almendras, finamente picadas
1 cucharada de salsa de chile
1 cucharada de azúcar morena

SALSA DE CACAHUATE
2 cucharaditas de salsa de chile
4 cucharadas de mantequilla de
cacahuate crujiente
¹/₃ taza/90 ml/3 fl oz de agua
3 cucharadas de chutney de frutas

Para hacer satay se puede
usar carne de cualquier
tipo. Esta receta es
deliciosa tanto con cerdo
como con cordero o pollo
en lugar de carne de res.

1 Colocar en un bol la carne, el ajo, las almendras, la salsa de chile y el azúcar morena y mezclar para combinar. Tapar y dejar reposar 30 minutos, o dentro del refrigerador durante toda la noche.

2 Para hacer la salsa, colocar en una cacerolita la salsa de chile, la mantequilla de cacahuate, el agua y el chutney y cocinar sobre fuego suave, revolviendo, 5 minutos o hasta que los ingredientes se integran y la mezcla esté caliente.

3 Ensartar la carne en 12 pinchos de bambú y cocinar en el grill precalentado 4-5 minutos de cada lado o hasta que la carne esté tierna y alcance el punto deseado.

12 pinchos

WONTONS DE CERDO AL VAPOR

2 hongos chinos secos
185 g/6 oz de carne de cerdo magra, molida
1 cucharada de brotes de bambú en lata,
picados
2 cucharadas de apio finamente picado
1 cebolla de rabo, finamente picada
1 diente de ajo, machacado
1 cucharada de salsa de soja
1 cucharada de jerez seco
1 cucharadita de azúcar
36 cuadrados de 12,5 cm/5 in de lado de masa
para arrolladitos primavera o wontons

La vaporera de bambú
más práctica para la
cocina hogareña es la de
25 cm/10 in de diámetro.
Su diseño permite apilar
varias para realizar
múltiples cocciones al
mismo tiempo. El alimento
que requiere mayor tiempo
de cocción se coloca en la
vaporera inferior, y el que
exige menos tiempo, en la
superior. Estos recipientes se
consiguen en tiendas de
comestibles asiáticos.

1 Disponer los hongos en un bol, cubrirlos con agua hirviente y dejarlos en remojo 20 minutos o hasta que estén tiernos. Escurrir, descartar los tallos si es necesario y picar los hongos.

2 Colocar en un bol los hongos, la carne de cerdo, los brotes de bambú, el apio, la cebolla de rabo, el ajo, la salsa de soja, el jerez y el azúcar y mezclar bien para combinar. Tapar y refrigerar 30 minutos o hasta el momento de cocinar los wontons.

3 Acomodar una cucharadita de la mezcla de cerdo en el centro de cada cuadrado de masa, pincelar los bordes con agua, levantar los costados de la masa y cerrar con un pellizco. Ubicar los wontons dentro de una vaporera de bambú apoyada sobre una olla con agua que hierva lentamente, tapar y cocinar 6 minutos o hasta que los wontons estén cocidos.

36 unidades

ALBÓNDIGAS DE CERDO FRITAS

500 g/1 lb de carne de cerdo magra, molida
30 g/1 oz de fideos de arroz, rotos,
hidratados y bien exprimidos
1 cebolla pequeña, finamente picada
1 diente de ajo, machacado
1 cucharadita de jengibre fresco picado
1 cucharadita de hierba limón finamente
picada o cáscara de limón rallada fina
$^1/_4$ cucharadita de cúrcuma molida
pimienta negra recién molida
harina
aceite para freír

1   Colocar la carne de cerdo y los fideos dentro de un bol y mezclar para combinar.

2   Colocar la cebolla, el ajo, el jengibre y la hierba limón o cáscara de limón rallada en una procesadora o licuadora y procesar para obtener un pasta. Agregar a la preparación de carne la pasta de cebolla, la cúrcuma y pimienta negra a gusto y unir bien.

3   Formar con la mezcla 24 albóndigas, empolvarlas con harina, acomodarlas en una fuente forrada con film, tapar y refrigerar hasta el momento de cocinar. Calentar abundante aceite en un wok o cacerola grande hasta que un cubo de pan se tueste en 50 segundos. Freír pocas albóndigas por vez 3-4 minutos o hasta que estén doradas y cocidas. Escurrir sobre papel absorbente y servir de inmediato.

Si la mezcla resulta demasiado seca, añadir un chorrito de agua; si queda muy húmeda, incorporar una pequeña cantidad de almidón de maíz.

Albóndigas de cerdo fritas   **24 unidades**

Wontons fritos

250 g/8 oz de carne de cerdo magra, molida
2 cucharaditas de salsa de soja
185 g/6 oz de espinaca congelada, descongelada
y exprimida
pimienta negra recién molida
36 cuadrados de 12,5 cm/5 in de lado de masa
para arrolladitos primavera o wontons
aceite para freír

1   Colocar en un bol la carne de cerdo,
la salsa de soja, la espinaca y pimienta negra
a gusto y mezclar bien para integrar.

2   Disponer una cucharadita de la mezcla
de cerdo en el centro de cada cuadrado de
masa, pincelar los bordes con agua, levantar los
costados de la masa y cerrar con un pellizco.

3   Calentar abundante aceite en un wok
o cacerola grande hasta que un cubo de pan
se tueste en 50 segundos. Freír pocos wontons
por vez 3-4 minutos o hasta que estén dorados
y cocidos. Escurrir sobre papel absorbente y
servir de inmediato.

36 unidades

Si se desea, se puede usar carne de res magra o carne de pollo, molidas, en reemplazo de la de cerdo.

Rollitos de huevo

aceite para freír

RELLENO DE LANGOSTINOS Y CERDO
1 cucharada de aceite de cacahuate
125 g/4 oz de langostinos crudos, pelados,
desvenados y picados
185 g/6 oz de carne de cerdo magra, molida
2 poros, cortados en tiras finas
60 g/2 oz de brotes de soja
1 cucharada de apio finamente picado
1 diente de ajo
1 cucharada de salsa de soja
2-3 gotas de salsa Tabasco

PANQUEQUES
2 tazas/250 g/8 oz de harina
4 huevos
$^3/_4$ taza/185 ml/6 fl oz de agua

1   Para hacer el relleno, calentar el aceite de
cacahuate en un wok o sartén grande, agregar
los langostinos, la carne de cerdo, los poros, los
brotes de soja, el apio y el ajo y saltear
3 minutos. Añadir las salsas de soja y Tabasco
y cocinar a fuego lento, revolviendo con
frecuencia, 10 minutos. Retirar la preparación
de la sartén y reservar.

2   Para hacer los panqueques, colocar en
un bol la harina, los huevos y el agua y batir
hasta homogeneizar. Verter 2-3 cucharadas del
batido en una sartén ligeramente untada con
mantequilla y cocinar sobre fuego medio
3-4 minutos o hasta que la cara superior del
panqueque esté seca. Deslizar el panqueque
cocido sobre un plato. Repetir con el resto de
la mezcla para obtener 8-12 panqueques.

3   Colocar una cucharada de relleno en el
centro de cada panqueque, doblar los costados
hacia adentro y enrollar con suavidad para
formar un paquete.

4   Calentar abundante aceite en un wok
o sartén grande hasta que un cubo de pan se
tueste en 50 segundos. Freír 3-4 rollitos por vez
5-7 minutos o hasta que estén dorados,
crujientes y calientes en el interior. Escurrir
sobre papel absorbente. Cortar cada rollito
en tres partes y servir de inmediato.

*8-12 unidades, según el tamaño de los
panqueques*

Los rollitos de huevo son populares en toda Asia y cada país tiene su versión. Se puede variar el relleno de acuerdo con el gusto personal y los ingredientes disponibles.

ESFERAS DE LANGOSTINOS CON AJONJOLÍ

1 kg/2 lb de langostinos crudos, pelados
y desvenados
1 cebolla, picada
$^1/_2$ cucharadita de garam masala
$^1/_4$ cucharadita de cúrcuma molida
1 taza/185 g/6 oz de arroz crudo molido
1 cucharadita de aceite de ajonjolí
2 cucharadas de cilantro fresco
finamente picado
3 cucharadas de semillas de ajonjolí
aceite para freír

1   Colocar en la procesadora los langostinos,
la cebolla, el garam masala y la cúrcuma y
procesar hasta lograr una textura lisa. Pasar la
preparación a un bol, incorporar el arroz crudo
molido, el aceite de ajonjolí y el cilantro y
mezclar bien para integrar. Tapar y refrigerar
1 hora como mínimo.

2   Con las manos mojadas formar con la pasta
pequeñas esferas y luego hacerlas rodar por las
semillas de ajonjolí. Disponerlas en una fuente
forrada con film y refrigerar 30 minutos.

3   Calentar abundante aceite en un wok o
cacerola grande hasta que un cubo de pan se
tueste en 50 segundos. Freír 5-6 esferas por
vez 4-5 minutos o hasta que estén doradas y
calientes en el interior. Escurrir sobre papel
absorbente y servir de inmediato.

6 porciones

En Asia es costumbre usar
un wok para freír en un
baño de aceite. No
obstante, si no se tiene
práctica resulta más fácil y
seguro emplear una
freidora honda o una
cacerola de paredes altas.

*Esferas de langostinos
con ajonjolí*

13

MARISCOS

Los pescados y mariscos son ingredientes populares en la cocina china. Para los chinos, la frescura es esencial, por eso procuran que pase el menor tiempo posible entre la captura de los peces y su consumo. La manera más común de cocinar los pescados es dejándolos enteros, para que conserven su sabor y no resulten secos.

Cangrejo con chile y jengibre

CANGREJO CON CHILE Y JENGIBRE

4 cangrejos
2 cucharaditas de aceite de cacahuate
2 cebollas, cortadas en tajadas
1 ½ taza/375 ml/12 fl oz de caldo de pollo
1 cucharada de salsa de soja
1 cucharada de salsa de chile
2 cucharadas de jerez seco
2 dientes de ajo, machacados
1 cucharada de jengibre fresco rallado
4 cebollas de rabo, cortadas en trozos
de 3 cm/1 ¼ in de largo

1   Cortar los cangrejos por el medio y retirar las tripas y el estómago de la parte inferior.

2   Calentar el aceite en un wok o sartén grande, agregar las cebollas y saltear 3-4 minutos o hasta que estén tiernas. Incorporar los cangrejos y saltear 3 minutos.

3   Añadir el caldo, las salsas de soja y de chile, el jerez, el ajo, el jengibre y las cebollas de rabo, tapar y cocinar 5 minutos o hasta que los cangrejos cambien de color y estén cocidos. Servir de inmediato.

4 porciones

Para los chinos, servir pescado o mariscos es indicio de prosperidad.

PESCADO EN SALSA DE CHILE Y FRIJOLES

500 g/1 lb de filetes de pescado blanco firme, cortados en tiras de 5 cm/2 in de ancho
3 cucharadas de almidón de maíz
3 cucharadas de aceite de cacahuate
2 cebollas de rabo, cortadas al sesgo en trozos de 5 cm/2 in de largo
1 diente de ajo, finamente picado
1 cucharadita de jengibre fresco finamente picado

SALSA DE CHILE Y FRIJOLES
¼ taza/60 ml/2 fl oz de caldo de pollo
2 cucharaditas de salsa de frijoles amarillos
¼ cucharadita o cantidad a gusto de chile en polvo
1 cucharada de jerez seco
2 cucharaditas de salsa de soja
1 cucharadita de aceite de ajonjolí

1   Rebozar las tiras de pescado con el almidón de maíz y reservar.

2   Para hacer la salsa, colocar en un tazón el caldo, la salsa de frijoles, el chile en polvo, el jerez, la salsa de soja y el aceite de ajonjolí y mezclar para combinar. Reservar.

3   Calentar el aceite de cacahuate en un wok o sartén grande, añadir el pescado y saltear 4-5 minutos o hasta que esté dorado y cocido. Retirar el pescado del recipiente, escurrirlo sobre papel absorbente y reservarlo.

4   Descartar parte del aceite de la sartén, dejando sólo 1 cucharada. Agregar las cebollas de rabo, el ajo y el jengibre y saltear 30 segundos. Incorporar la salsa y llevar a hervor. Bajar el fuego, colocar de nuevo el pescado
en el recipiente y cocinar, revolviendo con frecuencia, 2 minutos o hasta calentar. Servir de inmediato.

4 porciones

La salsa de frijoles amarillos, densa y especiada, se obtiene a base frijoles amarillos, harina y sal. Tiene un aroma particular y se consigue en tiendas de comestibles asiáticos. Hay dos variedades: la de frijoles enteros y la de frijoles machacados. La de frijoles enteros es menos alada y tiene una textura más suave.

SURTIDO DE MARISCOS

¹/₄ taza/60 ml/2 fl oz de aceite
375 g/12 oz de langostinos grandes crudos,
pelados y desvenados
250 g/8 oz de aros de calamares
250 g/8 oz de filetes de pescado blanco firme,
cortados en cubos
125 g/4 oz de ostiones
1 pimiento rojo, cortado en tiras
250 g/8 oz de comelotodos
220 g/7 oz de brotes de bambú en lata,
escurridos
2 dientes de ajo, machacados
2 cucharaditas de jengibre fresco picado
2 cucharaditas de almidón de maíz
¹/₂ taza/125 ml/4 fl oz de caldo de pollo
1 cucharadita de aceite de ajonjolí
2 cucharaditas de salsa de soja

1 Calentar 2 cucharadas de aceite en un wok o sartén, añadir los langostinos, los calamares, el pescado y los ostiones y saltear 2-3 minutos. Retirar los mariscos del recipiente y reservarlos.

2 Incorporar al recipiente el aceite restante, calentarlo y agregar el pimiento rojo, los comelotodos, los brotes de bambú, el ajo y el jengibre. Saltear 4-5 minutos o hasta que el pimiento y los comelotodos estén tiernos.

3 Combinar el almidón de maíz, el caldo de pollo, el aceite de ajonjolí y la salsa de soja, verter la mezcla en el recipiente y revolver. Cocinar, revolviendo constantemente, hasta que la salsa hierva y espese. Colocar de nuevo los mariscos en el recipiente y cocinar 2-3 minutos o hasta calentar. Servir de inmediato.

4 porciones

Por sus breves tiempos de cocción, los pescados y mariscos resultan perfectos para salteados.

FOO YUNG DE HUEVO

500 g/1 lb de langostinos crudos, pelados
y desvenados
1 clara, ligeramente batida
1 cucharadita de almidón de maíz
2 huevos
1 cucharadita de aceite de ajonjolí
¹/₄ taza/60 ml/2 fl oz de caldo de pollo
2 cucharaditas de jerez seco
2 cucharaditas de salsa de soja
2 cucharadas de aceite
3 cebollas de rabo, finamente picadas

1 Colocar en un bol los langostinos, la clara y el almidón de maíz y mezclar para combinar. Tapar y refrigerar 20 minutos.

2 Disponer en otro bol los huevos, el aceite de ajonjolí, el caldo, el jerez y la salsa de soja y batir ligeramente para unir.

3 Calentar 1 cucharada de aceite en un wok o sartén, agregar los langostinos y saltear 2-3 minutos o sólo hasta que cambien de color. Retirarlos del recipiente y reservarlos. Limpiar el recipiente con papel.

4 Calentar el aceite restante en el mismo recipiente, verter la mezcla de huevo y revolver 1 minuto o hasta que los huevos apenas empiecen a cuajar. Colocar de nuevo los langostinos en el recipiente y saltear 1 minuto más. Esparcir las cebollas de rabo y servir de inmediato.

2 porciones

Este platillo también resulta delicioso si se prepara con carne de cangrejo o pescado, o si se usa carne de cerdo o de res, molida, en reemplazo de los langostinos. Una versión vegetariana, con espárragos y ejotes, es otra alternativa exquisita.

LANGOSTINOS CON AJO A LA TAILANDESA

6 dientes de ajo, machacados
6 cucharadas de cilantro fresco picado
3 cucharadas de aceite
500 g/1 lb de langostinos grandes crudos,
pelados y desvenados, con sus colas intactas
$^3/_4$ de taza/185 ml/6 fl oz de agua
$^1/_4$ taza/60 ml/2 fl oz de salsa de pescado
1 cucharada de azúcar
pimienta negra recién molida

1   Colocar en la procesadora o licuadora
el ajo, el cilantro y 2 cucharadas de aceite
y procesar hasta lograr una textura lisa.

2   Calentar el aceite restante en un wok
o sartén, añadir la mezcla de ajo y saltear
2 minutos. Incorporar los langostinos y saltear
para que la mezcla de ajo los cubra. Revolver
mientras se agregan el agua, la salsa de pescado,
el azúcar y pimienta negra a gusto. Seguir
salteando hasta que los langostinos estén a punto.

La salsa de pescado es
un ingrediente esencial
en las gastronomías
de Tailandia, Vietnam,
Filipinas y el sur de China.
Se elabora a partir
de pescado o langostinos
salados. Tiene,
precisamente, sabor
salado, consistencia líquida
y color marrón.

Langostinos con ajo a la tailandesa

4 porciones

CHOW MEIN DE LANGOSTINOS

250 g/8 oz de fideos al huevo, secos
1 kg/2 lb de langostinos crudos, pelados,
desvenados y groseramente picados
2 cucharaditas de jerez seco
1 cucharada de salsa de soja
1 cucharada de aceite de cacahuate
1 diente de ajo, machacado
60 g/2 oz de ejotes
2 lonjas de beicon, picadas
½ cucharadita de azúcar
2 cebollas de rabo, picadas
1 cucharadita de aceite de ajonjolí

1   Cocinar los fideos en agua hirviente, dentro de una cacerola grande, siguiendo las instrucciones del envase. Escurrirlos y dejarlos sumergidos en agua fría hasta el momento de usarlos.

2   Colocar en un bol los langostinos, el jerez y 2 cucharaditas de salsa de soja y remover para combinar. Tapar y dejar marinar 15 minutos.

3   Calentar 2 cucharadas de aceite de cacahuate en un wok o sartén grande, añadir los langostinos y saltear 2 minutos o sólo hasta que cambien de color. Retirar los langostinos del recipiente y reservarlos. Limpiar el recipiente con papel.

4   Escurrir los fideos, apoyarlos sobre papel absorbente y secar la superficie con más papel. Calentar en el recipiente el resto del aceite de cacahuate, agregar el ajo, los ejotes y el beicon y saltear 2-3 minutos o hasta que los ejotes cambien de color y el beicon esté cocido. Incorporar los fideos, el azúcar, las cebollas de rabo y la salsa de soja restante y saltear 2 minutos. Luego añadir los langostinos y saltear 2 minutos más o hasta calentar. Rociar con el aceite de ajonjolí, revolver y servir de inmediato.

4 porciones

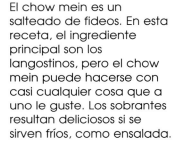

El chow mein es un salteado de fideos. En esta receta, el ingrediente principal son los langostinos, pero el chow mein puede hacerse con casi cualquier cosa que a uno le guste. Los sobrantes resultan deliciosos si se sirven fríos, como ensalada.

LANGOSTINOS CON CHILE FRITOS

1 kg/2 lb de langostinos crudos, a los que se les hayan quitado sólo las cabezas
2 cucharaditas de jengibre fresco finamente picado
1 cucharada de jerez seco
1 cucharada de almidón de maíz
aceite para freír
1 cucharadita de sal
1 cucharadita o cantidad a gusto de salsa de chile

1   Colocar en un bol los langostinos, el jengibre, el jerez y el almidón de maíz y mezclar para combinar. Tapar y refrigerar 20 minutos.

2   Calentar abundante aceite en un wok o cacerola grande hasta que un cubo de pan se tueste en 50 segundos. Escurrir los langostinos y freírlos de a pocos por vez 1 minuto o hasta que cambien de color.

3   Retirar los langostinos del recipiente. Descartar el aceite. Calentar el recipiente, añadir los langostinos, la sal y la salsa de chile y saltear 1 minuto. Servir de inmediato.

4 porciones

En esta receta se descartan sólo las cabezas de los langostinos antes de freírlos.

PESCADO AL VAPOR

2 pescados pequeños enteros, tales
como cubera o brema
1 cucharada de jengibre fresco
finamente picado
1 cucharada de salsa de soja
1 cucharadita de azúcar
1 cucharada de vinagre blanco
2 lonjas de beicon, cortadas en tiras
1 zanahoria pequeña, cortada en tiras finas
4 cebollas de rabo, cortadas en trozos
de 3 cm/1 ¼ in de largo

1   Colocar el pescado en una fuente playa
de vidrio o cerámica. Combinar el jengibre,
la salsa de soja, el azúcar y el vinagre. Verter
la mezcla sobre el pescado, tapar y dejar
marinar 30 minutos.

2   Forrar una vaporera de bambú con papel
antiadherente apto para hornear. Disponer
el pescado en la vaporera, verter encima la
marinada y esparcir el beicon, la zanahoria
y las cebollas de rabo.

3   Tapar la vaporera, ubicarla sobre un wok
con agua que hierva lentamente y cocinar
al vapor 10-15 minutos o hasta que la carne
del pescado se separe al probar con un tenedor.

Pescado al vapor

2 porciones

Los chinos siempre sirven el
pescado entero con la
cabeza orientada hacia el
huésped de honor. Se cree
que esto le asegura buena
fortuna.

SALTEADO DE MARISCOS Y FIDEOS

375 g/12 oz fideos al huevo
250 g/8 oz de tubos de calamares
250 g/8 oz de espárragos, cortados al sesgo en trozos de 5 cm/2 in
2 cucharadas de aceite de cacahuate
1 diente de ajo, machacado
2 chiles rojos pequeños, frescos, finamente picados
1 cucharadita de jengibre fresco finamente picado
500 g/1 lb de langostinos grandes crudos, pelados y desvenados, con sus colas intactas
250 g/8 oz de ostiones
$^{1}/_{2}$ pimiento rojo, cortado en tajadas
60 g/2 oz de ejotes, cortados al sesgo en trozos de 5 cm/2 in
2 cucharadas de semillas de ajonjolí, tostadas

SALSA
1 cucharada de almidón de maíz
1 cucharada de azúcar
3 cucharadas de salsa de jitomate
1 cucharadita de salsa de ostras
1 cucharada de salsa de soja
1 cucharadita de aceite de ajonjolí
1 taza/250 ml/8 fl oz de agua

1   Cocinar los fideos en agua hirviente, dentro de una cacerola grande, siguiendo las instrucciones del envase. Colarlos y enjuagarlos con agua fría. Extenderlos sobre papel absorbente.

2   Cortar los tubos de calamares a lo largo, abrirlos y extenderlos en forma plana con el interior hacia arriba. Con un cuchillo filoso marcar un diseño de rombos en la superficie y luego cortar trozos, también en forma de rombos. Reservar.

3   Cocinar los espárragos por hervido, al vapor o en microondas, sólo hasta que cambien de color. Escurrirlos y enjuagarlos con agua corriente fría. Reservarlos.

4   Calentar el aceite de cacahuate en un wok o sartén, añadir el ajo, los chiles y el jengibre y saltear 1 minuto. Incorporar los calamares, los langostinos, los ostiones, el pimiento rojo, los ejotes y los espárragos y saltear 2-3 minutos o sólo hasta que los langostinos cambien de color. Añadir los fideos y saltear 1-2 minutos más.

5   Para hacer la salsa, colocar en un tazón el almidón de maíz, el azúcar, las salsas de jitomate, de ostras y de soja, el aceite de ajonjolí y el agua y batir ligeramente para integrar. Verter la salsa dentro del recipiente y calentar 2-3 minutos más o hasta que hierva y espese. Esparcir las semillas de ajonjolí y servir de inmediato.

4 porciones

Esta receta es una versión diferente del chow mein de mariscos.

Paquetes de Pescado al Vapor

6 filetes de 90 g/3 oz de pescado
blanco firme
¹/₂ cucharadita de azafrán molido
1 cebolla, picada
2 dientes de ajo, cortados en láminas
2 cucharaditas de jengibre fresco cortado
en láminas
1 chile rojo pequeño, fresco, sin semillas
y picado
1 cucharada de almidón de maíz
³/₄ taza/185 ml/6 fl oz de leche de coco
1 cucharadita de aceite de ajonjolí
1 tallo de hierba limón fresca, picada, o
2 cucharaditas de cáscara de limón rallada fina
6 hojas grandes de lechuga

1 Frotar los filetes con el azafrán.

2 Colocar en la procesadora o licuadora la cebolla, el ajo, el jengibre, el chile, el almidón de maíz, la leche de coco, el aceite de ajonjolí y la hierba limón o cáscara de limón rallada y procesar hasta lograr una textura lisa.

3 Cocinar las hojas de lechuga al vapor o en microondas sólo hasta que estén tiernas. Escurrirlas y secarlas con papel absorbente. Colocar un filete de pescado en el centro de cada hoja de lechuga y bañar con un poco de la mezcla procesada. Plegar las hojas de lechuga para encerrar el relleno y formar paquetes prolijos.

4 Cortar seis cuadrados de film de tamaño adecuado para envolver los paquetes de pescado. Colocar un paquete sobre cada cuadrado de film y plegar para envolver. Ubicar los paquetes en una vaporera de bambú apoyada sobre una cacerola con agua que hierva lentamente y cocinar 20 minutos o hasta que la carne del pescado se separe al probar con un tenedor.

6 porciones

Antes de usar por primera vez una vaporera de bambú, lávela bien. Luego, sin llenarla con alimentos, colóquela sobre una cacerola con agua que hierva lentamente y deje que reciba el vapor 5 minutos, aproximadamente.

AVES

En la cocina china se usan aves de todo tipo, pero la más popular y apreciada es el pollo. Como sucede con los pescados, se considera que las aves son mejores cuanto más frescas, y en los países asiáticos es usual comprar los pollos vivos. Para impresionar a un invitado especial, los anfitriones chinos tienen por costumbre anunciar que han matado un pollo en su honor.

Pollo salteado con castañas

POLLO SALTEADO CON CASTAÑAS

2 cucharadas de aceite
1 cebolla roja, cortada en rodajas
y separada en aros
1 zanahoria, cortada en láminas al bies
1 diente de ajo, machacado
1 cucharadita de jengibre fresco rallado
375 g/12 oz de pechugas de pollo deshuesadas,
cortadas en tiras
1 brócoli, separado en ramilletes
60 g/2 oz de castañas de Cajú sin sal
$^1/_2$ taza/125 ml/4 fl oz de caldo de pollo
2 cucharaditas de almidón de maíz
2 cucharaditas de salsa de soja
1 cucharada de jerez seco
$^1/_4$ cucharadita de aceite de ajonjolí
3 cebollas de rabo, cortadas en ruedas al sesgo

1   Calentar 1 cucharada de aceite en un wok
o sartén, incorporar la cebolla, la zanahoria, el

ajo y el jengibre y saltear 5 minutos. Retirar los
vegetales y reservarlos.

2   En el mismo recipiente cocinar el pollo,
por tandas, 2-3 minutos o hasta que se dore
ligeramente. Retirar y reservar.

3   Calentar el aceite restante en el recipiente,
añadir el brócoli y las castañas de Cajú
y saltear sólo hasta que el brócoli cambie
de color y las castañas estén doradas.

4   Combinar el caldo, el almidón de maíz, la
salsa de soja, el jerez y el aceite de ajonjolí.
Colocar de nuevo en el recipiente los vegetales
y el pollo, agregar la mezcla de caldo y cocinar,
revolviendo, 3-4 minutos o hasta que la salsa
hierva y espese. Añadir las cebollas de rabo y
revolver.

4 porciones

El salteado es uno de los
métodos más populares de
la cocina china. El utensilio
más apropiado es el wok,
pero también se puede
usar una sartén grande.
Como el salteado es muy
rápido, es importante tener
todos los ingredientes
preparados antes de
empezar a cocinar.

PATO ESPECIADO

4 tazas/1 litro/1 y $^3/_4$ pt de caldo de pollo
$^1/_2$ taza/125 ml/4 fl oz de salsa de soja
2 cucharaditas de jengibre fresco finamente
picado
2 dientes de ajo, finamente picados
2 cucharaditas de polvo de cinco especias
1 pato de 2 kg/4 lb
aceite para freír

MARINADA DE CHILE
2 cucharadas de azúcar
2 cucharadas de jerez seco
$^1/_2$ cucharadita de polvo de cinco especias
$^1/_2$ cucharadita de aceite de ajonjolí
1 cucharada de salsa de soja
1 cucharadita de salsa de chile

1   Colocar en una cacerola grande el caldo, la
salsa de soja, el jengibre, el ajo y el polvo de
cinco especias, tapar y llevar a hervor.
Incorporar el pato, llevar nuevamente a
ebullición y dejar que hierva 1 minuto. Retirar

la cacerola del fuego, tapar y dejar reposar
hasta que el líquido se enfríe a temperatura
ambiente.

2   Para hacer la marinada, colocar en un bol
el azúcar, el jerez, el polvo de cinco especias,
el aceite de ajonjolí, la salsa de soja y la de
chile y mezclar bien para integrar.

3   Retirar el pato del líquido y escurrirlo bien.
Cortarlo por el medio, a lo largo de la pechuga
y del espinazo, y secarlo. Acomodarlo, con la
parte cortada hacia abajo, en una asadera.
Frotar la piel con la marinada y dejar marinar
2 horas.

4   Calentar abundante aceite en una cacerola
grande y freír medio pato por vez 10 minutos
o hasta que esté dorado y cocido. Escurrir sobre
papel absorbente.

4 porciones

Para los chinos, el pato es
símbolo de integridad y
fidelidad.

Para servir, cortar cada
mitad del pato en
porciones, con un cuchillo
de buen filo.

POLLO A LA INDONESIA

Para lograr un salteado perfecto, caliente el wok hasta alcanzar una temperatura muy alta y luego vierta el aceite. Incline el wok para que el aceite se deslice por toda la superficie y, antes de incorporar los alimentos, siga calentando hasta que el aceite esté casi humeante. Si sigue este procedimiento evitará que los alimentos se peguen al wok. Si los primeros ingredientes que debe saltear son ajo, cebollas de rabo, jengibre o chiles, haga una excepción: agréguelos inmediatamente después de verter el aceite, pues de lo contrario se quemarían.

3 cucharadas de aceite
4 pechugas de pollo deshuesadas, cortadas en cubos de 2 cm/³/₄ in
250 g/8 oz de ejotes, cortadas en trozos de 2,5 cm/1 in
¹/₄ taza/60 ml/2 fl oz de jugo de limón
2 cucharadas de salsa de soja
1 cucharada de azúcar morena
2 cucharaditas de cúrcuma molida
¹/₂ taza/125 ml/4 fl oz de agua

1 Calentar el aceite en un wok o sartén, agregar el pollo y saltear 3-4 minutos o hasta dorar. Retirar el pollo y reservarlo.

2 Añadir los ejotes al recipiente y saltear 2 minutos. Incorporar el jugo de limón, la salsa de soja, el azúcar, la cúrcuma y el agua, llevara hervor y cocinar a fuego lento 3-5 minutos o hasta que la salsa se reduzca y espese ligeramente. Colocar de nuevo el pollo en el recipiente y cocinar 2-3 minutos más o hasta que el pollo esté a punto.

4 porciones

POLLO AL LIMÓN

6 hongos chinos secos
1 cucharadita de sal
pimienta negra recién molida
5 cucharadas de aceite de cacahuate
2 kg/4 lb de muslos de pollo deshuesados, cortados en trozos del tamaño de un bocado
1 pimiento verde, picado
1 cucharadita de jengibre fresco finamente picado
2 cucharadas de cáscara de limón rallada fina
4 cebollas de rabo, cortadas en aros
3 cucharadas de jerez seco
2 cucharadas de salsa de soja
1 cucharadita de almidón de maíz
1 cucharada de agua
1 cucharada de jugo de limón

1 Colocar los hongos en un bol, cubrirlos con agua hirviente y dejarlos en remojo 20 minutos o hasta que estén tiernos. Escurrir, descartar los tallos si es necesario y picar los hongos.

2 Mezclar la sal con pimienta negra a gusto y 1 cucharada de aceite, para obtener una pasta. Colocar el pollo dentro de un bol, agregar la pasta y remover para que ésta cubra todos los bocados. Calentar 3 cucharadas de aceite en un wok o sartén, añadir el pollo y cocinar 10 minutos o hasta que el pollo esté a punto. Retirar el pollo del recipiente y reservarlo al calor.

3 Calentar el resto del aceite en el mismo recipiente. Incorporar los hongos, el pimiento verde, el jengibre, la cáscara de limón rallada y las cebollas de rabo. Verter el jerez y la salsa de soja y llevar a hervor. Combinar el almidón de maíz y el agua, añadir la mezcla a la salsa y revolver. Colocar de nuevo el pollo en el recipiente y cocinar 5 minutos más o hasta calentar. Agregar el jugo de limón, mezclar y servir de inmediato.

6 porciones

El pollo al limón resulta delicioso si se acompaña con arroz al vapor y brócoli al vapor o salteado.

Pollo a la indonesia

PATO A LA PEQUINESA FÁCIL

Temperatura del horno
180ºC, 350ºF, Gas 4

1 pato de 2,5 kg/5 lb
6 tazas/1,5 litro /2 ½ pt de agua
2 cucharaditas de jengibre fresco picado
3 cucharadas de azúcar morena
3 cebollas de rabo, picadas gruesas
1 pepino, pelado, sin semillas y cortado
en tiras de 5 cm/2 in

SALSA BARBACOA
2 cucharadas de salsa hoisin
1 cucharada de agua
1/2 cucharadita de aceite de ajonjolí
1 cucharadita de azúcar morena

PANQUEQUES
1 taza/125 g/4 oz de harina
1 taza/250 ml/8 fl oz de agua hirviente
1 cucharada de aceite de ajonjolí

Aunque este método para preparar y cocinar pato a la pequinesa está bastante simplificado, de todos modos lleva tiempo, pero una ocasión especial bien vale el esfuerzo.
Debido al tiempo que exige la elaboración de la complicada receta original, en la mayoría de los restaurantes que lo sirven hay que ordenarlo con una anticipación de por lo menos un día. En China la preparación y cocción de esta especialidad se consideran un arte.

1   Enjuagar el pato por dentro y por fuera y secarlo con papel absorbente. Ubicarlo frente a un ventilador y dejarlo secar 1 hora.

2   Colocar el agua en una cacerola grande y llevar a hervor. Añadir el jengibre, el azúcar y las cebollas de rabo. Luego sumergir con cuidado el pato en el agua hirviente y controlar que quede cubierto por completo. De inmediato retirar el pato y descartar el líquido. Ubicar de nuevo el pato frente al ventilador y dejarlo secar 1 hora.

3   Para hacer la salsa, colocar en una cacerolita la salsa hoisin, el agua, el aceite de ajonjolí y el azúcar, llevar a hervor y cocinar, revolviendo, 30 segundos. Retirar del fuego y dejar enfriar.

4   Apoyar el pato sobre una rejilla ubicada dentro de una asadera y hornear 30 minutos. Bajar la temperatura a 150°C/300°F/Gas 2 y hornear 1 hora más. Luego subir la temperatura a 200°C/400°F/Gas 6 y seguir horneando hasta que la piel del pato esté tostada y crujiente.

5   Para hacer los panqueques, tamizar la harina dentro de un bol grande, revolver mientras se agregan el agua hirviente y el aceite de ajonjolí y unir bien. Amasar hasta lograr una masa lisa y dejarla reposar 30 minutos. Darle forma de cilindro y cortarla en aproximadamente 16 porciones. Estirar cada porción hasta obtener un disco de 10 cm/4 in. Cocinar cada disco en una sartén antiadherente, sin materia grasa, hasta que aparezcan pequeñas burbujas en la superficie; luego dar vuelta y cocinar del otro lado. Reservar al calor hasta el momento de servir.

6   Para servir, retirar toda la piel crujiente del pato y cortarla en trozos de 4 x 6 cm/1 ½ x 2 ½ in. Cortar la pechuga en trozos de la misma medida. Disponer en una fuente la piel, la pechuga, los panqueques y el pepino. Pasar la salsa a un cuenco y servirla con el pato. Para comer, untar un panqueque con una cucharada de salsa y colocar encima un trozo de piel, uno de pechuga y uno de pepino. Enrollar el panqueque y comer con la mano.

4 porciones

Pollo ahumado

POLLO AHUMADO

¹/₂ taza/125 g/4 oz de azúcar
3 cucharadas de té en hebras
2 cucharadas de sal
1 pollo de 1,5 kg/3 lb
pimienta negra recién molida
1 cucharada de salsa de soja
2 cucharaditas de aceite de ajonjolí

Temperatura del horno
190°C, 375°F, Gas 5

1 Dentro de una asadera disponer varias hojas de papel de aluminio de tamaño apropiado para envolver el pollo. Combinar el azúcar con el té en hebras y la sal y esparcir la mezcla sobre el papel. Ubicar encima una rejilla y apoyar sobre ella el pollo. Espolvorearlo generosamente con pimienta negra, envolverlo con el papel y hornear 1 hora.

2 Combinar la salsa de soja con el aceite de ajonjolí. Abrir el envoltorio de papel, pincelar el pollo con la mezcla y, sin volver a cubrirlo, hornearlo 20 minutos más o hasta que esté cocido. Para servir, cortar en trozos y presentar de inmediato.

6 *porciones*

El pollo cocido de este modo resulta húmedo, con la piel crocante y un sabor muy particular.

POLLO BRASEADO AL JENGIBRE

2 cucharadas de aceite
500 g/1 lb de pechugas de pollo deshuesadas,
cortadas en tiras
1 pimiento rojo, cortado en aros
1 pimiento verde, cortado en aros
1 cebolla, cortada en octavos
2 dientes de ajo, machacados
2 cucharaditas de jengibre fresco rallado
1 cucharada de almidón de maíz
1 cucharada de jerez
2 cucharaditas de salsa de soja
1 ¼ taza/315 ml/10 fl oz de caldo de pollo

El jengibre fresco es un ingrediente importante en la cocina asiática. Para almacenar jengibre conviene pelarlo, ponerlo dentro de un frasco de vidrio, cubrirlo con jerez y guardarlo en el refrigerador; se usa como si fuera fresco. Si se envasa de esta manera, el jengibre se conserva por muchos meses. El jerez que queda se puede aprovechar para cocinar.

1   Calentar el aceite en un wok o sartén y saltear el pollo, por tandas, 3-4 minutos o hasta dorar. Retirarlo del recipiente y reservarlo.

2   Añadir los pimientos rojo y verde, la cebolla, el ajo y el jengibre y saltear 4-5 minutos o hasta que los pimientos y la cebolla estén tiernos. Combinar el almidón de maíz con el jerez, la salsa de soja y el caldo. Colocar de nuevo el pollo en el recipiente, verter la mezcla de almidón y revolver. Cocinar, revolviendo constantemente, 2-3 minutos o hasta que la mezcla hierva y espese y el pollo tome temperatura. Servir de inmediato.

4 porciones

POLLO ESPECIADO A LA TAILANDESA

2 cucharadas de aceite

1-2 cucharaditas de curry en pasta

1 diente de ajo, machacado

1 chile rojo fresco, finamente picado

6 cebollas de rabo, picadas

500 g/1 lb de pechugas de pollo deshuesadas,
sin piel, picadas

440 g/14 oz de jitomates en lata,
con su líquido, triturados

3 cucharadas de albahaca fresca picada

1   Calentar el aceite en un wok o sartén, añadir la curry en pasta, el ajo, el chile y las cebollas de rabo y saltear 2 minutos. Incorporar el pollo picado y saltear 3-4 minutos o hasta dorar.

2   Agregar los jitomates y la albahaca, revolver y llevar a hervor. Bajar el fuego y cocinar a fuego lento, sin tapar, 8-10 minutos o hasta que la mayor parte del líquido se haya evaporado.

4 porciones

Al manipular chiles frescos no acerque las manos a los ojos ni se toque los labios. Para evitar molestias y ardor, use guantes. En los supermercados se consiguen chiles picados, envasados en frascos.

Derecha: Po chero
Página opuesta: Salteado de pollo

PO CHERO

8 hongos chinos secos grandes
2 cucharadas de aceite de cacahuate
4 patas de pollo
375 g/12 oz de carne de cerdo,
cortada en cubos
4 salchichas chinas, cortadas en trozos
2 cebollas, cortadas en tajadas
2 dientes de ajo, machacados
250 g/8 oz de camotes, cortados en dados
315 g/10 oz de garbanzos en lata, escurridos
2 tazas/500 ml/16 fl oz de caldo de pollo
2 cucharadas de extracto de jitomate
1 cucharada de salsa de soja
1 cucharada de almidón de maíz
2 cucharadas de agua
$^{1}/_{4}$ col china, groseramente picada

1   Colocar los hongos en un bol, cubrirlos con agua hirviente y dejarlos en remojo 20 minutos o hasta que estén tiernos. Escurrir, descartar los tallos si es necesario y cortar los hongos por la mitad.

2   Calentar el aceite en una sartén grande, añadir el pollo y cocinar, dando vuelta con frecuencia, hasta que tome color por todos lados. Retirar el pollo del recipiente y reservarlo. Cocinar el cerdo y las salchichas del mismo modo.

3   Colocar de nuevo en el recipiente el pollo, el cerdo y las salchichas. Incorporar los hongos, las cebollas, el ajo, los camotes y los garbanzos y mezclar. Combinar el caldo, el extracto de jitomate y la salsa de soja y añadir la mezcla a la sartén. Tapar y cocinar sobre fuego suave 30 minutos o hasta que la carne y los vegetales estén tiernos.

4   Disolver el almidón de maíz en el agua. Agregarlo a la preparación, junto con la col, y cocinar, revolviendo constantemente, hasta que la salsa hierva y espese. Servir de inmediato.

4 porciones

Las salchichas chinas, especiadas y de sabor intenso, se elaboran con carne y grasa de cerdo. Están disponibles en tiendas de comestibles asiáticos.

SALTEADO DE POLLO

1 cucharada de aceite de cacahuate
500 g/1 lb de pechugas de pollo deshuesadas,
cortadas en tiras
1 pimiento rojo, cortado en tiras
1 brócoli pequeño, separado en ramilletes
2 calabacitas pequeñas, picadas
1 zanahoria, picada
2 cucharaditas de almidón de maíz disueltas
en 1 cucharada de agua
2 cucharaditas de jengibre fresco rallado
1 cucharada de miel
2 cucharadas de salsa de soja
1 cucharadita o cantidad a gusto
de salsa de chile
1 cucharada de salsa hoisin

1   Calentar el aceite en un wok o sartén
grande, añadir el pollo y saltearlo
3-4 minutos o sólo hasta que esté cocido.
Retirarlo del recipiente y reservarlo.

2   Agregar al recipiente el pimiento rojo, el
brócoli, las calabacitas y la zanahoria y saltear
2-3 minutos o hasta que los vegetales estén
apenas tiernos.

3   Revolver mientras se incorporan
el almidón de maíz disuelto, el jengibre,
la miel y las salsas de soja, de chile y hoisin.
Cocinar, revolviendo constantemente,
2-3 minutos o hasta que la salsa hierva
y espese.

4   Colocar de nuevo el pollo en el recipiente
y saltear 2-3 minutos o hasta calentar. Servir
de inmediato.

4 porciones

Por su agradable sabor
suave, el aceite de
cacahuate es el preferido
de la cocina china.

CARNES

Cuando los chinos dicen carne se refieren invariablemente al cerdo. Aunque la carne de res, el cordero y el cabrito también se usan en la cocina, e incluso son comunes en el norte de China, no son tan populares como el cerdo. En muchas de las recetas que llevan cerdo, éste puede reemplazarse por carne de res, si se prefiere.

CERDO CON FIDEOS

315 g/10 oz de carne de cerdo, cortada
en tajadas
1 cucharada de salsa de soja
155 g/5 oz de fideos de arroz
2 cucharadas de aceite de cacahuate
$^1\!/_2$ cebolla, cortada en rodajas
1 pimiento verde, picado
$^1\!/_2$ coliflor, separada en ramilletes
2 cucharadas de agua
$^1\!/_2$ cucharadita de salsa de chile

1   Colocar el cerdo y la salsa de soja dentro de
un bol y mezclar para integrar.

2   Remojar los fideos en agua caliente 15
minutos o hasta que se ablanden. Escurrir
y reservar.

3   Calentar 1 cucharada de aceite en un wok
o sartén, añadir el cerdo y saltear 2 minutos.
Retirar el cerdo del recipiente y reservarlo.
Incorporar el aceite restante, la cebolla, el
pimiento verde y la coliflor y saltear 2 minutos.
Verter el agua, tapar y cocinar a fuego lento 5
minutos o hasta que la coliflor esté apenas
tierna.

4   Colocar de nuevo el cerdo en el
recipiente, agregar los fideos y la salsa de chile
y saltear 2-3 minutos o hasta calentar. Servir de
inmediato.

4 porciones

Los fideos de arroz
se consiguen, secos,
en tiendas de comestibles
asiáticos y en algunos
supermercados. Son de
color blanco y se presentan
en formas variadas.

ASADO CHINO

1,5 kg/3 lb de carne de res indicada para asar
en el horno

MARINADA DE JENGIBRE
2 cucharadas de salsa de soja
2 cucharadas de jerez seco
4 dientes de ajo, finamente picados
1 cucharadita de jengibre fresco rallado
2 cucharaditas de azúcar morena

SALSA PARA ACOMPAÑAR
3 cucharadas de salsa de chile
3 cucharadas de salsa de ciruelas

1   Atar la carne para darle buena forma
y disponerla en una fuente playa de vidrio
o cerámica.

2   Para hacer la marinada, colocar en un tazón
la salsa de soja, el jerez, el ajo, el jengibre y el
azúcar y batir ligeramente para integrar. Verter
la marinada sobre la carne y darla vuelta para
que quede cubierta por todos lados. Tapar y
dejar marinar a temperatura ambiente 3 horas,
o en el refrigerador durante toda la noche.

3   Si se marinó en el refrigerador, dejar que la
carne tome temperatura ambiente. Escurrir,
reservar la marinada y acomodar la carne
en una asadera. Pincelar con la marinada
y hornear 20 minutos, humedeciendo con más
marinada al cabo de 10 minutos. Retirar del
horno, tapar y dejar reposar 10 minutos.

4   Para servir, cortar la carne en tajadas y
acompañar con las salsas de chile y de ciruelas
para aderezar.

6 porciones

Temperatura del horno
240°C, 475°F, Gas 8

Al planificar una comida
al estilo chino o asiático,
procure elegir platillos
que incluyan una variedad
de ingredientes y métodos
de cocción. De este modo
no sólo podrá ofrecer
una combinación de
texturas y sabores, sino que
además le resultará más
fácil cocinar y servir.

Cerdo con fideos

CARNE DE RES EN SALSA DE FRIJOLES

Los frijoles negros son frijoles de soja, pequeños y de color negro, que se conservan por fermentación con sal y especias. Deben enjuagarse antes de usarlos. Los que no se utilicen se pueden guardar por mucho tiempo si se envasan, con su líquido, en un frasco con tapa hermética y se dejan en el refrigerador.

1 cucharada de aceite
1 diente de ajo, machacado
1 cucharada de jengibre fresco rallado
1 cebolla, cortada en láminas
350 g/11 oz de carne magra de nalga de res, cortada en tiras
2 cucharaditas de aceite de ajonjolí
¹/₂ pimiento rojo, cortado en tajadas
90 g/3 oz de brotes de soja
60 g/2 oz de ejotes
1 ¹/₂ cucharada de salsa de frijoles negros
1 cucharada de salsa de soja
¹/₄ taza/60 ml/2 fl oz de caldo de res
1 cucharadita de azúcar
1 cucharadita de almidón de maíz disuelta en 1 cucharada de agua

1   Calentar el aceite en un wok o sartén, añadir el ajo y el jengibre y saltear 1 minuto. Agregar la cebolla y la carne y saltear 3 minutos o hasta que la carne tome color. Retirar la preparación del recipiente y reservar.

2   Calentar el aceite de ajonjolí en el mismo recipiente, incorporar el pimiento rojo, los brotes de soja y los ejotes y saltear 1 minuto. Agregar las salsas de frijoles negros y de soja, el caldo, el azúcar y el almidón disuelto y cocinar, revolviendo, hasta que la mezcla espese ligeramente. Colocar de nuevo la carne en el recipiente y cocinar 2-3 minutos más o hasta calentar.

4 porciones

34

CERDO ASADO SALTEADO

10 hongos chinos secos
350 g/11 oz de fideos de arroz
1 cucharada de aceite de ajonjolí
250 g/8 oz de cerdo asado chino,
cortado en tiras finas
1 cucharada de jengibre fresco rallado
1 pimiento rojo, verde o amarillo,
cortado en tiras
125 g/4 oz de ejotes
60 g/2 oz de brotes de bambú en lata,
escurridos y cortados en tajadas
2 cucharadas de miel
$^1/_4$ taza/60 ml/2 fl oz de salsa de soja
1 cucharada de vinagre de vino tinto

1 Colocar los hongos en un bol, cubrirlos con agua hirviente y dejarlos en remojo 20 minutos o hasta que estén tiernos. Escurrir, descartar los tallos si es necesario y cortar los hongos en tajadas.

2 Cocinar los fideos en agua hirviente siguiendo las indicaciones del envase. Escurrirlos y reservarlos al calor.

3 Calentar el aceite en un wok o sartén, agregar el cerdo, el jengibre y los hongos y saltear 2 minutos. Añadir el pimiento rojo, verde o amarillo, los ejotes y los brotes de bambú y saltear 1 minuto más. Retirar la preparación del recipiente y reservarla al calor.

4 Incorporar al recipiente la miel, la salsa de soja y el vinagre y cocinar, revolviendo, hasta que la mezcla hierva. Añadir los fideos y mezclar para que se impregnen con la mezcla. Servir los fideos y distribuir encima la preparación de cerdo y vegetales.

4 porciones

El cerdo asado chino se vende en tiendas de comestibles asiáticos. Si no lo consigue puede reemplazarlo por cerdo asado frío.

CARNE DE RES CON ESPINACA

Al comprar un wok, elija uno grande, de por lo menos 35 cm/14 in de diámetro y bordes altos. Un wok pesado, de hierro, es mejor que uno liviano de acero inoxidable o aluminio. Recuerde que es más fácil cocinar una pequeña cantidad de alimentos en un wok grande que una gran cantidad en un wok pequeño.

2 cucharadas de aceite de cacahuate
500 g/1 lb de carne magra de nalga de res, cortada en tiras
1 atado/500 g/1 lb de espinaca, sin los tallos y cortada en fina juliana
2 cucharaditas de jengibre fresco rallado
2 dientes de ajo, machacados
3 cucharaditas de almidón de maíz
1 taza/250 ml/8 fl oz de agua
2 cucharadas de salsa satay
2 cucharadas de jerez seco
1 cucharada de salsa de soja
60 g/2 oz de castañas de Cajú tostadas

1   Calentar el aceite en un wok o sartén, añadir la carne y saltear 3-4 minutos o hasta dorar. Retirar la carne del recipiente y escurrirla sobre papel absorbente.

2   Agregar al recipiente la espinaca, el jengibre y el ajo y saltear 2-3 minutos o hasta que la espinaca empiece a ponerse mustia. Combinar el almidón de maíz, el agua, la salsa satay, el jerez y la salsa de soja, verter la mezcla en el recipiente y revolver. Cocinar 2-3 minutos o hasta que la mezcla hierva y espese.

3   Colocar de nuevo la carne en el recipiente, añadir las castañas de Cajú y cocinar 2-3 minutos o hasta calentar.

4 porciones

CORDERO CON BROTES DE BAMBÚ

2 cucharadas de aceite vegetal
4 rodajas de pierna de cordero magras,
desgrasadas
8 cebollas de rabo, picadas
2 dientes de ajo, machacados
1 taza/250 ml/8 fl oz de caldo de res
1 cucharada de salsa de soja
1 cucharadita de pasta de chile (sambal oelek)
$^{1}/_{4}$ taza/60 ml/2 fl oz de vino blanco
1 cucharadita de polvo de cinco especias
125 g/4 oz de brotes de bambú en lata,
escurridos y cortados en tajadas
250 g/8 oz de fideos de arroz

1 Calentar 1 cucharada de aceite en una sartén grande, añadir las rodajas de cordero y cocinarlas 2-3 minutos de cada lado o hasta que se doren. Pasarlas a una cacerola grande. Agregar a la sartén tres cuartos de las cebollas de rabo y el ajo y saltear 2 minutos; luego pasar a la cacerola con el cordero.

2 Incorporar a la cacerola el caldo, la salsa de soja, la pasta de chile (sambal oelek), el vino y el polvo de cinco especias. Llevar a hervor, bajar la llama, tapar y cocinar a fuego lento 1 hora o hasta que el cordero esté tierno. Retirar las rodajas de cordero del líquido de cocción, dejarlas enfriar y luego desmenuzar la carne. Colar el líquido de cocción y descartar los sólidos.

3 Calentar el aceite restante en la sartén, incorporar el resto de las cebollas de rabo y saltear 2 minutos. Añadir el cordero desmenuzado y los brotes de bambú y saltear 1 minuto más.

4 Cocinar los fideos en agua hirviente siguiendo las instrucciones del envase y escurrirlos. Distribuir sobre ellos la preparación de cordero y servir de inmediato.

4 porciones

Los palillos son los cubiertos que más se usan en muchos países asiáticos, aunque no en todos. Existen palillos largos especiales que se emplean en la cocina para revolver y batir.

CERDO A LA INDONESIA

2 cucharadas de aceite
500 g/1 lb de carne de cerdo magra cortada
en dados
1 taza/250 ml/8 fl oz de leche de coco

PASTA DE CHILE

8 chiles rojos frescos, sin semillas y picados
4 dientes de ajo, picados
2 cebollas picadas
1 cucharada de jengibre fresco picado
1 cucharadita de hierba limón fresca picada
o cáscara de limón rallada fina
1 cucharadita de pasta de tamarindo (opcional)
$^1/_2$ cucharadita de pasta de camarones
deshidratada, desmenuzada

El tamarindo es la vaina grande del árbol del mismo nombre o dátil de la India. Después de la cosecha se le quitan las semillas y la cáscara y se prensa la pulpa para obtener una pasta consistente de color marrón oscuro. Se consigue en tiendas de comestibles asiáticos.

1 Para hacer la pasta, colocar en la procesadora o licuadora los chiles, el ajo, las cebollas, el jengibre, la hierba limón o cáscara de limón rallada y las pastas de tamarindo (si se desea) y de camarones y procesar para obtener una pasta lisa.

2 Calentar el aceite en una cacerola grande, añadir la pasta de chile y cocinar sobre fuego suave, revolviendo de tanto en tanto, 5 minutos. Agregar el cerdo y cocinar hasta que se dore por todos lados. Verter la leche de coco y cocinar a fuego lento, revolviendo siempre, 20 minutos o hasta que la salsa espese y el cerdo esté tierno.

4 porciones

CORDERO ORIENTAL

500 g/1 lb de carne de pierna de cordero magra, cortada en tiras
2 cucharadas de salsa de ostras
2 cucharadas de vino blanco seco
1 cucharadita de azúcar
$^1/_2$ cucharadita de aceite de ajonjolí
2 cucharadas de aceite
1 atado/500 g/1 lb de espinaca, las hojas cortadas en trozos grandes y los tallos en trozos de 2,5 cm/1 in
2 cucharaditas de jengibre fresco rallado
$^1/_2$ cucharadita de almidón de maíz disuelto en $^1/_4$ taza/60 ml/2 fl oz de caldo de pollo

1   Colocar en un bol el cordero, la salsa de ostras, el vino, el azúcar y el aceite de ajonjolí y remover para combinar. Tapar y dejar marinar 20 minutos.

2   Calentar el aceite en un wok o sartén y saltear la mezcla de cordero, por tandas, 2-3 minutos o hasta dorar. Retirar el cordero del recipiente y reservarlo.

3   Incorporar al recipiente los tallos de la espinaca y el jengibre y saltear 3 minutos o hasta que los tallos estén apenas tiernos. Colocar de nuevo el cordero en el recipiente, añadir las hojas de la espinaca y el almidón disuelto y cocinar, revolviendo constantemente, 3-4 minutos o hasta que las hojas empiecen a ponerse mustias. Servir de inmediato.

4 porciones

El aceite de ajonjolí se emplea como aromatizante, no como materia grasa para cocciones. Tiene un fuerte aroma característico y se usa en cantidades muy pequeñas. Por lo general se añade, justo antes de servir, a las preparaciones ya cocidas. Se conserva por mucho tiempo.

CARNE DE RES CON PIMIENTOS ROJOS

500 g/1 lb de carne magra de nalga de res, cortada en tiras finas
2 cucharaditas de almidón de maíz
4 cucharadas de salsa de soja
3 cucharadas de aceite
2 pimientos rojos, cortados en tiras finas
1 chile rojo pequeño, fresco, finamente picado
3 cebollas de rabo, cortadas en trozos de 5 cm/2 in de largo
1 diente de ajo, machacado
2 cucharaditas de jengibre fresco rallado
1 cucharadita de azúcar
2 cucharadas de jerez seco

1   Colocar la carne en un bol, espolvorearla con el almidón de maíz, rociarla con 2 cucharadas de salsa de soja, remover para combinar y dejar reposar 5 minutos.

2   Calentar 1 cucharada de aceite en un wok o sartén, añadir los pimientos rojos, el chile, las cebollas de rabo, el ajo y el jengibre y saltear 2-3 minutos. Retirar los vegetales del recipiente y reservarlos.

3   Calentar el resto del aceite en el mismo recipiente, incorporar la carne y saltear 2-3 minutos o hasta dorar. Combinar la salsa de soja restante, el azúcar y el jerez. Colocar de nuevo los vegetales en el recipiente, verter la mezcla de salsa de soja y cocinar, revolviendo, 1 minuto más o hasta calentar.

4 porciones

Existen dos tipos de wok: el cantonés, con dos asas, y el pau, con mango. El cantonés es preferible para cocciones al vapor y frituras en baño de aceite, mientras que el pau es más indicado para salteados.

Cerdo a la indonesia

CARNE DE RES ESTOFADA

1 trozo de 1,5 kg/3 lb de carne de res
indicada para estofar
2 cucharadas de aceite de cacahuate
1 diente de ajo, machacado
2 cucharaditas de jengibre fresco
finamente picado
1/2 taza/125 ml/4 fl oz de salsa de soja
1/3 taza/90 ml/3 fl oz de jerez seco
2 tazas/500 ml/16 fl oz de agua
1 cucharadita de polvo de cinco especias

1 Atar la carne para darle buena forma y lograr que la mantenga durante la cocción.

2 Calentar el aceite en un wok o cacerola grande, incorporar la carne y dorarla en toda su superficie. Añadir el ajo, el jengibre, la salsa de soja, el jerez, el agua y el polvo de cinco especias y llevar a hervor. Tapar, bajar la llama y cocinar a fuego lento, dando vuelta la carne cada 30 minutos, 1 1/2 hora o hasta que la carne esté tierna.

3 Para servir, quitar los hilos, cortar la carne en tajadas y bañarla con la salsa.

6 porciones

CERDO A LA MIEL

Temperatura del horno
180ºC, 350ºF, Gas 4

500 g/1 lb de lomo de cerdo
1 cucharada de salsa de jitomate
2 cucharadas de miel
1/4 cucharadita de polvo de cinco especias
2 cucharaditas de salsa de soja
1 brócoli grande, separado en ramilletes

SALSA DE JEREZ
2 cucharaditas de almidón de maíz
1/2 taza/125 ml/4 fl oz de caldo de pollo
1 cucharada de jerez seco
1 cucharadita de azúcar
1/2 cucharadita de salsa de ostras

1 Disponer el lomo de cerdo en una fuente playa de vidrio o cerámica. Colocar en un tazón la salsa de jitomate, 1 cucharada de miel, el polvo de cinco especias y la salsa de soja, mezclar para unir y verter sobre el cerdo. Tapar y dejar marinar 1 hora.

2 Escurrir el cerdo, acomodarlo en una asadera y hornear 20 minutos. Pincelarlo con el resto de la miel y hornear 10 minutos más.

3 Cocinar el brócoli por hervido, al vapor o en microondas hasta que esté apenas tierno.

4 Para hacer la salsa, colocar en una cacerolita el almidón de maíz, el caldo, el jerez, el azúcar y la salsa de ostras y cocinar sobre fuego medio, revolviendo, hasta que la salsa hierva y espese.

5 Para servir, cortar el cerdo en tajadas gruesas y disponerlo en una fuente. Ubicar el brócoli alrededor y bañar con la salsa.

4 porciones

El polvo de cinco especias es un ingrediente favorito de la cocina china. Otorga un sutil aroma anisado a los platillos orientales.

Cerdo a la miel

CERDO CON PEPINOS

Usted tendrá que fregar su wok sólo cuando lo estrene. La superficie de un wok nuevo suele estar revestida con un aceite protector, que antes del primer uso debe ser removido con un limpiador cremoso. Una vez que el wok esté limpio deberá curarlo. Para hacerlo, caliéntelo sobre fuego suave, luego agregue 2 cucharadas de aceite y frote con él toda la superficie, para cubrirla ligeramente. Vuelva a calentar el wok sobre fuego suave 10-15 minutos y límpielo con papel absorbente. Repita este proceso hasta que el papel que use quede limpio.

315 g/10 oz de carne de cerdo
magra cortada en dados
2 cucharadas de salsa de soja
1 cucharadita de almidón de maíz
2 cucharadas de aceite de cacahuate
2 pepinos pequeños, cortados en dados
2 cebollas de rabo, cortadas en aros
1 cucharadita de jengibre fresco
cortado en láminas
2 chiles rojos frescos, sin semillas y picados

SALSA DE AJONJOLÍ
1 cucharadita de azúcar
2 cucharaditas de vinagre
1 cucharada de salsa de soja
$^{1}/_{2}$ cucharadita de fécula de maíz
2 cucharadas de agua
1 cucharada de aceite de ajonjolí

4 porciones

1 Colocar en un bol el cerdo, la salsa de soja y el almidón de maíz y mezclar para combinar.

2 Calentar el aceite en un wok o sartén, añadir la mezcla de cerdo y los pepinos y saltear 3-4 minutos o hasta que el cerdo esté dorado. Retirar la preparación del recipiente y reservar.

3 Agregar al recipiente las cebollas de rabo, el jengibre y los chiles y saltear 1-2 minutos. Incorporar de nuevo la preparación de cerdo y saltear 5 minutos más o hasta que el cerdo esté cocido.

4 Para hacer la salsa, combinar el azúcar, el vinagre, la salsa de soja, el almidón de maíz, el agua y el aceite de ajonjolí. Verter la mezcla en el recipiente y cocinar, revolviendo constantemente, 2-3 minutos o hasta que la salsa hierva y espese. Servir de inmediato.

Izquierda: Cerdo con pepinos
Abajo: Costillas chinas

COSTILLAS CHINAS

8 costillas de cerdo, sin cuero
ni exceso de grasa
¹/₄ taza/60 ml/2 fl oz de jerez seco
2 cucharadas de miel
2 cucharadas de salsa de ciruelas
¹/₄ taza/60 ml/2 fl oz de salsa de jitomate
2 chiles rojos frescos, sin semillas y picados
2 dientes de ajo, machacados
1 cucharada de jengibre fresco rallado
¹/₂ cucharadita de polvo de cinco especias

1   Cortar cada costilla en 3 partes y colocarlas en un bol. Combinar el jerez, la miel, las salsas de ciruelas y de jitomate, los chiles, el ajo, el jengibre y el polvo de cinco especias y verter sobre las costillas. Mezclar bien para que se impregnen.

2   Pasar la preparación a una sartén grande, tapar y cocinar sobre fuego suave, revolviendo de tanto en tanto, 1 hora o hasta que el cerdo resulte tierno y glaseado.

4 porciones

La salsa de ciruelas se consigue en tiendas de comestibles asiáticos y en la mayoría de los supermercados. Elaborada a partir de ciruelas secas, chabacanos, vinagre, azúcar y especias, es dulce, espesa, de consistencia similar a la del chutney, y se usa como condimento.

43

ENSALADA TIBIA DE CARNE DE RES A LA TAILANDESA

1 kg/2 lb de carne de nalga de res, cortada en
bifes de 2,5 cm/1 in
1 pepino, pelado y cortado en rodajas finas
hojas de cilantro fresco para decorar
1 chile rojo fresco, cortado en tajadas

MARINADA DE CORIANDRO

4 cucharadas de salsa de soja
2 cucharadas de aceite
1 cucharadita de coriandro molido
1 cucharada de cilantro fresco
finamente picado
1 cucharada de azúcar morena
pimienta negra recién molida

En su versión tradicional,
esta receta lleva carne
poco cocida.

1 Disponer los bifes en una fuente playa de vidrio o cerámica. Para hacer la marinada, colocar en un tazón la salsa de soja, el aceite, el coriandro molido y el cilantro, el azúcar y pimienta negra a gusto y mezclar para integrar. Verter la marinada sobre la carne, tapar y dejar marinar 1 hora como mínimo. En una fuente grande acomodar en forma escalonada las rodajas de pepino, tapar y refrigerar hasta el momento de usar.

2 Escurrir los bifes y reservar la marinada. Cocinar los bifes en el grill precalentado 2-3 minutos de cada lado o hasta alcanzar el punto que se desee. Colocar en una cacerolita la marinada reservada, llevar a hervor y cocinar 3-4 minutos. Cortar los bifes en tajadas finas, disponerlas sobre los pepinos, bañar con la marinada y decorar con las hojas de cilantro y las tajadas de chile fresco.

8 porciones

Izquierda: Cerdo agridulce
*Página opuesta: Ensalada tibia de
carne a la tailandesa*

CERDO AGRIDULCE

2 yemas
1 cucharada de agua
2 cucharadas de almidón de maíz
500 g/1 lb de lomo de cerdo, cortado
en cubos de 2 cm/³/₄ in
aceite para freír

SALSA AGRIDULCE
1 cucharada de aceite
1 cebolla, cortada en octavos
¹/₂ pimiento rojo, cortado en cubos
¹/₂ pimiento verde, cortado en cubos
1 cucharada de almidón de maíz
¹/₂ taza/125 ml/4 fl oz de agua
2 cucharadas de salsa de jitomate
2 cucharaditas de salsa de soja
1 cucharada de vinagre blanco
350 g/11 oz de trozos de piña en lata,
escurridos, y su jugo

4 porciones

1   Combinar las yemas y el agua. Colocar
el almidón de maíz en un bol y añadir
gradualmente, mientras se revuelve, la
mezcla de yemas. Añadir el cerdo
y remover para que resulte cubierto.

2   Calentar abundante aceite en un wok
o cacerola grande hasta que un cubo de pan
se tueste en 50 segundos. Freír el cerdo, por
tandas, 7-10 minutos o hasta que esté dorado
y cocido. Retirar y escurrir sobre papel absor
bente.

3   Para hacer la salsa, calentar el aceite en un
wok o sartén, agregar la cebolla y los pimientos
rojo y verde y saltear 5 minutos o hasta que los
vegetales estén tiernos. Combinar el almidón
de maíz, el agua, las salsas de jitomate y de
soja, el vinagre y el jugo de la piña. Verter
la mezcla en el recipiente y cocinar, revolviendo
constantemente, 2-3 minutos o hasta que la
salsa hierva y espese.

4   Incorporar a la salsa el cerdo y los trozos de
piña, mezclar y cocinar 3-4 minutos más
o hasta calentar. Servir de inmediato.

El cerdo agridulce, sin
dudas una de las recetas
chinas más populares y
famosas, resulta delicioso si
se sirve con arroz al vapor
o hervido y con col china
al vapor.

CHOP SUEY

2 cucharadas de aceite vegetal
250g/8 oz de carne de cerdo
magra, molida
¹/₂ col china, cortada en fina juliana
125 g/4 oz de ejotes, cortados en
tajadas al sesgo
2 tallos de apio, cortados en tajadas al sesgo
2 cebollas, picadas
1 zanahoria, picada
1 taza/250 ml/8 fl oz de caldo de pollo
2 cucharaditas de almidón de maíz
1 cucharada de salsa de soja
2 pechugas de pollo deshuesadas, cocidas
y cortadas en cubos
250 g/8 oz de langostinos crudos, pelados
y desvenados
250 g/8 oz de brotes de bambú en lata

1 Calentar el aceite en un wok o sartén grande, agregar el cerdo y saltear 5 minutos o hasta dorar.

2 Incorporar la col, los ejotes, el apio, las cebollas y la zanahoria y saltear 3-4 minutos. Colocar en un tazón el caldo, el almidón de maíz y la salsa de soja y batir ligeramente para integrar. Verter la mezcla en el recipiente y cocinar, revolviendo, 3-4 minutos o hasta que hierva y espese.

3 Añadir el pollo, los langostinos y los brotes de bambú y cocinar 3-4 minutos más o hasta que los langostinos estén a punto. Servir de inmediato.

6 porciones

Como su nombre lo indica, los brotes de bambú son los jóvenes brotes comestibles de ciertos tipos de bambú. Son de color amarillo pálido y tienen una textura crujiente. Se consiguen, en latas, en la mayoría de las tiendas de comestibles asiáticos y supermercados.

CERDO ESPECIADO

500 g/1 lb de lomo de cerdo
¹/₂ taza/125 ml/4 fl oz de caldo de pollo
2 cucharaditas de almidón de maíz

MARINADA DE JENGIBRE
2 cucharadas de salsa hoisin
1 cucharada de salsa de soja
2 cucharaditas de vinagre
2 cucharadas de jerez seco
1 cucharadita de jengibre fresco rallado
2 cucharadas de miel

1 Colocar el lomo de cerdo en una fuente playa de vidrio o cerámica. Para hacer la marinada, disponer en un tazón las salsas hoisin y de soja, el vinagre, el jerez, el jengibre y la miel y mezclar para integrar. Verter la marinada sobre el cerdo, tapar y dejar marinar 1 hora.

2 Escurrir el cerdo y reservar la marinada. Acomodar el cerdo en una asadera y hornear 30 minutos, dándolo vuelta varias veces.

3 Colocar en una cacerola la marinada reservada, el caldo y el almidón de maíz y cocinar, revolviendo, hasta que la salsa hierva y espese. Para servir, cortar el cerdo en tajadas y bañarlas con la salsa.

4 porciones

La salsa hoisin, también llamada salsa china para asados, es espesa y de color marrón rojizo. Se obtiene a partir de frijoles de soja, vinagre, azúcar, especias y otros aromatizantes. Se usa como ingrediente culinario y como condimento.

Cerdo especiado

SALTEADO DE CERDO

1 cucharada de aceite
250 g/8 oz de carne de cerdo
magra cortada en dados
1 diente de ajo, machacado
2 cucharadas de salsa de soja
pimienta negra recién molida
500 g/1 lb de ejotes o ejotes cordón
cortados en trozos de 2 cm/³/₄ in de largo
1 pimiento rojo, cortado en tiras
6 cebollas de rabo, cortadas en trozos
de 5 cm/2 in de largo
¹/₂ cucharadita de aceite de ajonjolí
2 cucharadas de semillas de ajonjolí, tostadas

1   Calentar el aceite en un wok o sartén, añadir el cerdo y el ajo y saltear 3-4 minutos o hasta que el cerdo cambie de color. Agregar la salsa de soja, pimienta negra a gusto, los ejotes y el pimiento rojo y saltear 2-3 minutos.

2   Bajar la llama, tapar el recipiente y cocinar a fuego lento 20 minutos o hasta que el cerdo esté tierno. Incorporar las cebollas de rabo, el aceite y las semillas de ajonjolí, mezclar y servir de inmediato.

4 porciones

La manera más fácil de tostar una pequeña cantidad de semillas de ajonjolí consiste en colocarlas en una sartén chica y calentarlas sobre fuego medio, mientras se sacude la sartén con frecuencia, hasta que las semillas salten y se doren. Tenga cuidado de no quemarlas.

CARNE DE RES CON BRÓCOLI

500 g/1 lb de carne magra de nalga de res,
cortada en láminas delgadas como un papel
1 cucharada de salsa de soja
1 cucharada de jerez seco
2 cucharaditas de jengibre fresco rallado
1 cucharada de aceite
1 taza/250 ml/8 fl oz de caldo de pollo
500 g/1 lb de brócoli, separado en ramilletes
2 cucharaditas de almidón de maíz
2 cucharaditas de salsa de ostras
2 cucharaditas de salsa de chile

1   Colocar en un bol la carne, la salsa de soja, el jerez y el jengibre y mezclar para combinar. Tapar y dejar reposar 30 minutos.

2   Calentar el aceite en un wok o sartén, añadir la mezcla de carne y saltear 4-5 minutos o hasta dorar. Retirar la preparación del recipiente y reservarla.

3   Verter en el recipiente ¹/₂ taza/125 ml/4 fl oz de caldo y llevar a hervor. Incorporar el brócoli, tapar y cocinar 5 minutos o hasta que el brócoli esté tierno. Escurrirlo y dejar el caldo en el recipiente. Ubicar el brócoli junto al contorno de una fuente y reservar al calor.

4   Combinar el almidón de maíz, la salsa de ostras, la de chile y el caldo restante, verter la mezcla en el recipiente y llevar a hervor. Agregar de nuevo la carne y cocinar, revolviendo, 3-4 minutos o hasta calentar. Disponer la preparación en la fuente donde se había ubicado el brócoli y servir de inmediato.

6 porciones

"Para el gobernante, el pueblo es el cielo; para el pueblo, la comida es el cielo". Antiguo proverbio chino.

Salteado de cerdo

CARNE DE RES CON FIDEOS

250 g/8 oz de fideos al huevo
1 cucharada de aceite
500 g/1 lb de carne magra de nalga de res,
cortada en tiras
1 cebolla, cortada en rodajas
1 diente de ajo, machacado
$^{1}/_{2}$ pimiento verde, cortado en tiras
1 cucharadita de salsa de pescado
2 cucharadas de semillas de ajonjolí, tostadas
60 g/2 oz de brotes de soja

Los fideos al huevo se venden tanto frescos como secos. Por lo general los chatos se usan para sopas, mientras que los redondos se destinan a los salteados. Si no consigue fideos al huevo chinos, puede reemplazarlos por los de tipo italiano.

1 Cocinar los fideos en agua hirviente, dentro de una cacerola grande, siguiendo las indicaciones del envase. Escurrirlos y reservarlos al calor.

2 Calentar el aceite en un wok o sartén, incorporar la carne y saltear 3-4 minutos o hasta que cambie de color. Retirar la carne del recipiente y reservarla. Añadir al recipiente la cebolla, el ajo y el pimiento verde y saltear 5 minutos o hasta que la cebolla esté tierna. Agregar de nuevo la carne, junto con la salsa de pescado, las semillas de ajonjolí y los brotes de soja, y saltear 2-3 minutos o hasta calentar. Para servir, disponer la preparación de carne sobre los fideos.

4 porciones

CERDO CON HONGOS

4 hongos chinos secos
1 cucharada de aceite
30 g/1 oz de almendras blanqueadas
250 g/8 oz de carne de cerdo
magra, molida
2 cucharadas de salsa de soja
2 cucharaditas de almidón de maíz
1 cucharadita de azúcar
2 cucharadas de agua
pimienta negra recién molida
1 cucharada de jerez seco
8 castañas de agua en lata, escurridas
y finamente picadas
60 g/2 oz de chícharos frescos o congelados
2 tallos de apio, cortados en cubos
1 diente de ajo, picado
2 tajadas de jengibre fresco

1 Colocar los hongos en un bol, cubrirlos con agua hirviente y dejarlos en remojo 20 minutos o hasta que estén tiernos. Escurrirlos y reservar el líquido. Descartar los tallos si es necesario y picar finamente los hongos.

2 Calentar la mitad del aceite en un wok o sartén, agregar las almendras y saltear 1-2 minutos o hasta dorar. Retirar, escurrir sobre papel absorbente y luego picar finamente.

3 Disponer dentro de un bol el cerdo, la mitad de la salsa de soja, 1 cucharadita de almidón de maíz, el azúcar, el agua y pimienta negra a gusto y mezclar bien para integrar. En otro bol combinar el jerez, el resto de la salsa de soja y del almidón de maíz y el líquido reservado del remojo de los hongos.

4 Verter en el recipiente el aceite restante y calentarlo. Añadir las castañas de agua, los chícharos y el apio, tapar y cocinar 2-3 minutos. Retirar los vegetales y reservarlos. Incorporar al recipiente el ajo, el jengibre y la mezcla de cerdo y saltear 2 minutos. Bajar el fuego, tapar y cocinar a fuego lento 5 minutos. Agregar de nuevo los vegetales, verter la mezcla de jerez y cocinar, revolviendo constantemente, hasta que hierva y espese. Esparcir las almendras y servir de inmediato.

2 porciones

Las castañas de agua tienen un tamaño similar al de una nuez y son los tubérculos comestibles de la juncia china. Son de color blanco y textura crujiente y se consiguen en latas. Antes de usarlas hay que enjuagarlas bien. Las que sobren se pueden conservar en el refrigerador por varias semanas si se envasan en un frasco y se cubren con agua fría, que debe cambiarse a diario.

CORDERO SALTEADO

500 g/1 lb de lomo de cordero, cortado
en tajadas finas
1 cucharada de almidón de maíz
2 cucharadas de aceite
3 cebollas, cortadas en tajadas
2 dientes de ajo, machacados
2 cucharadas de jerez seco
1 cucharada de salsa de soja

1 Rebozar el cordero con el almidón de maíz. Calentar 1 cucharada de aceite en un wok o sartén, añadir el cordero y saltear 4-5 minutos o hasta dorar. Retirar el cordero del recipiente y reservarlo.

2 Calentar el aceite restante en el mismo recipiente, agregar las cebollas y el ajo y saltear 5 minutos o hasta que las cebollas estén tiernas. Verter el jerez y la salsa de soja, incorporar de nuevo el cordero y cocinar, revolviendo, 2-3 minutos más o hasta calentar.

4 porciones

Si se prefiere, en esta receta se puede usar carne de res en reemplazo del cordero.

Cerdo con hongos

VEGETARIANAS

Muchas de las más deliciosas recetas vegetarianas que hoy se saborean en países occidentales tienen su origen en Asia. Los chinos aman las verduras, y los que pertenecen a la fe budista-taoísta son vegetarianos. Una comida tradicional china incluye por lo menos uno o dos platillos a base de vegetales.

Tofu agridulce

Papas especiadas con espinaca

Salteado tailandés agripicante

Ensalada cocida a la indonesia

Salteado satay

Salteado de vegetales con coco

Tofu agridulce

TOFU AGRIDULCE

1 cucharada de aceite de cacahuate
250 g/8 oz de tofu, cortado en
cubos de 2,5 cm/1 in
1 pimiento rojo, cortado en tiras finas
2 zanahorias, cortadas en tiras finas
155 g/5 oz de ejotes
2 cucharaditas de jengibre fresco picado
1 diente de ajo, machacado
315 g/10 oz de trozos de piña en lata,
escurridos, y su jugo
¹/₃ taza/90 ml/3 fl oz de agua
1 cucharada de almidón de maíz
1 cucharada de vinagre

4 porciones

1   Calentar el aceite en un wok o sartén,
añadir el tofu y saltear 4-5 minutos o hasta
dorar. Retirar el tofu del recipiente y reservarlo.

2   Agregar al recipiente el pimiento rojo,
las zanahorias, los ejotes, el jengibre y el ajo
y saltear 3 minutos.

3   Medir el jugo de la piña para obtener
1 taza/250 ml/8 fl oz; si no es suficiente,
completar con agua. Combinar el jugo de
piña, el agua, el almidón de maíz y el vinagre,
verter la mezcla en el recipiente y cocinar,
revolviendo constantemente, 3-4 minutos
o hasta que la salsa hierva y espese.

4   Añadir el tofu y los trozos de piña y cocinar
2-3 minutos más o hasta calentar.

El tofu o queso de soja es
un ingrediente importante
en las gastronomías de
China y Japón desde hace
más de mil años. Tiene
menos de 5% de grasa, no
tiene colesterol y
prácticamente no tiene
sodio. Se elabora a base
de frijoles de soja y es una
buena fuente de proteínas,
minerales y vitaminas del
complejo B. Además es
bajo en aporte energético,
pues 75 g/2 ¹/₂ oz proveen
sólo 200 kilojulios
(48 calorías).

PAPAS ESPECIADAS CON ESPINACA

90 g/3 oz de mantequilla
2 cebollas, cortadas en tajadas
4 cucharadas de coco deshidratado
3 cucharaditas de jengibre fresco rallado
2 cucharaditas de cúrcuma molida
1 cucharadita de semillas de mostaza amarilla
1 cucharadita de comino molido
500 g/1 lb de papas, cortadas en dados
1 atado/500 g/1 lb de espinaca,
sin los tallos y picada
¹/₂ taza/125 ml/4 fl oz de leche de coco
pimienta negra recién molida

6 porciones

1   Derretir la mantequilla en una sartén,
agregar las cebollas y cocinar sobre fuego
suave, revolviendo con frecuencia, 10 minutos
o hasta que las cebollas estén tiernas y doradas.

2   Añadir el coco y cocinar, revolviendo,
3-4 minutos o hasta que resulte tostado.
Incorporar el jengibre, la cúrcuma, las semillas
de mostaza y el comino, mezclar y cocinar
2-3 minutos más.

3   Agregar las papas y remover para que
queden cubiertas con la mezcla de especias.
Cocinar sobre fuego medio, revolviendo con
frecuencia, 10 minutos o hasta que las papas
estén apenas tiernas. Añadir la espinaca,
la leche de coco y pimienta negra a gusto
y cocinar 4-5 minutos más o hasta que la
espinaca se ponga mustia. Servir de inmediato.

La leche de coco está
disponible en el comercio
en varias presentaciones:
en latas, como producto
larga vida en cartones y
como polvo para diluir con
agua. Una vez abierto el
envase es perecedera y
debe consumirse en uno o
dos días. Se consigue en
tiendas de comestibles
asiáticos y en algunos
supermercados.

SALTEADO TAILANDÉS AGRIPICANTE

2 cucharadas de salsa de soja
1 cucharada de jerez seco
1 chile rojo fresco, sin semillas
y finamente picado
1 diente de ajo, machacado
500 g/1 lb de tofu, escurrido y
cortado en cubos
1 cucharada de aceite
2 cebollas, cortadas en tajadas
1 pimiento rojo, cortado en tiras finas
1 pimiento verde, cortado en tiras finas
125 g/4 oz de comelotodos
125 g/4 oz de fideos al huevo,
cocidos y escurridos
2 cebollas de rabo, finamente picadas
hojas de cilantro fresco para decorar

SALSA ESPECIADA DE CACAHUATE
2 dientes de ajo, machacados
$^{1}/_{2}$ taza/125 g/4 oz de mantequilla
de cacahuate crujiente
3 cucharadas de jugo de lima o limón
3 cucharadas de salsa de soja
1 chile rojo pequeño, fresco, finamente picado
$^{1}/_{2}$ taza/125 ml/4 fl oz de caldo de
verduras o agua

En la cultura china los fideos son símbolo de longevidad, y por tal motivo es costumbre servirlos en el Año Nuevo Chino y en fiestas de cumpleaños. Los chinos creen que cortar los fideos trae mala suerte y puede acortar la vida.

1   Colocar en un bol la salsa de soja, el jerez, el chile y el ajo y mezclar para combinar. Añadir el tofu, remover para que quede cubierto y dejar marinar 30 minutos. Escurrir.

2   Para hacer la salsa, colocar en una procesadora o licuadora el ajo, la mantequilla de cacahuate, el jugo de lima o limón, la salsa de soja y el chile y procesar para unir. Con la máquina en funcionamiento, verter despacio el caldo o agua y seguir procesando hasta homogeneizar.

3   Calentar el aceite en un wok o sartén, agregar las cebollas y los pimientos rojo y verde y saltear 4-5 minutos o hasta que los vegetales comiencen a ablandarse. Retirarlos del recipiente y reservarlos. Colocar el tofu en el recipiente y saltear 1-2 minutos. Incorporar de nuevo los vegetales, añadir los comelotodos y los fideos y saltear 3-4 minutos más. Agregar la salsa y remover para que todos los ingredientes se impregnen en forma pareja. Pasar a una fuente, adornar con las cebollas de rabo y las hojas de cilantro y servir de inmediato.

8 porciones

Izquierda: Salteado tailandés agripicante
Derecha: Ensalada cocida a la indonesia

ENSALADA COCIDA A LA INDONESIA

2 papas, trozadas
4 zanahorias, cortadas en rodajas
250 g/8 oz de ejotes, cortados en tajadas
1/2 atado/250 g/8 oz de espinaca, sin los tallos
2 cucharadas de aceite
125 g/4 oz de brotes de soja
1 pepino pequeño, cortado en bastones
1 cebolla grande, cortada en rodajas
2 huevos duros, cortados en cuartos

SALSA DE CACAHUATE

1 cucharada de aceite
1 cebolla pequeña, picada
1 diente de ajo, machacado
1 taza/250 ml/8 fl oz de leche de coco
1 cucharada de jugo de limón
5 cucharadas de mantequilla de cacahuate
1/2 cucharadita de chile en polvo
1 hoja de laurel

3 Para hacer la salsa, calentar el aceite en una cacerola, agregar la cebolla y el ajo y cocinar, revolviendo con frecuencia, 4-5 minutos o hasta que la cebolla esté tierna. Añadir la leche de coco, el jugo de limón, la mantequilla de cacahuate, el chile en polvo y la hoja de laurel y cocinar, revolviendo constantemente, 4-5 minutos o hasta que la salsa espese.

4 Para servir, disponer los huevos sobre los vegetales, bañar con la salsa y terminar con la cebolla.

4 porciones

Las hojuelas fritas conocidas como poppadums son el acompañamiento perfecto para esta original ensalada de vegetales ligeramente cocidos que se completa con huevos y una salsa especiada de cacahuate.

1 Cocinar por hervido, al vapor o en microondas las papas, las zanahorias, los ejotes y la espinaca, por separado, hasta que estén apenas tiernas. Escurrirlas, ubicarlas en una fuente honda y mezclarlas.

2 Calentar 1 cucharada de aceite en un wok o sartén, añadir los brotes de soja y el pepino y saltear 2-3 minutos. Escurrirlos y esparcirlos sobre los vegetales de la fuente. Calentar el resto del aceite en el recipiente, incorporar la cebolla y saltear 4-5 minutos o hasta dorarla. Escurrirla y reservarla.

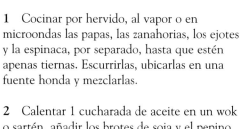

SALTEADO SATAY

1 cucharada de aceite

2 cebollas, cortadas en octavos

2 zanahorias, cortadas en tiras

125 g/4 oz de comelotodos, cortados al sesgo en trozos de 5 cm/2 in de largo

1 pimiento rojo, cortado en tiras finas

1 atado/500 g/1 lb de espinaca, cortada en fina juliana

½ taza/125 ml/4 fl oz de salsa satay

2 cucharadas de cacahuates sin sal, picados y tostados

La salsa satay preparada se consigue en supermercados y tiendas de exquisiteces.

1   Calentar el aceite en un wok o sartén, agregar las cebollas y saltear 4-5 minutos o hasta que estén tiernas.

2   Incorporar las zanahorias, los comelotodos, el pimiento rojo y la espinaca y saltear 5 minutos o hasta que los vegetales estén tiernos. Añadir la salsa satay y los cacahuates y cocinar 2-3 minutos o hasta calentar.

4 porciones

SALTEADO DE VEGETALES CON COCO

2 cucharadas de aceite

2 zanahorias, cortadas en tiras finas

125 g/4 oz de ejotes, picados

1 tallo de apio, cortado en tajadas al sesgo

1 cebolla, cortada en rodajas

60 g/2 oz de coco en escamas

$^1/_2$ taza/125 ml/4 fl oz de leche de coco

1 cucharada de salsa tailandesa de pescado

1-2 cucharaditas o cantidad a gusto
de salsa de chile

1 cucharada de jugo de lima o limón

1 Calentar el aceite en un wok o sartén, añadir las zanahorias y saltear 3 minutos. Incorporar los ejotes, el apio y la cebolla y saltear 4-5 minutos más o hasta que los vegetales estén tiernos.

2 Agregar el coco en escamas, la leche de coco, las salsas de pescado y de chile y el jugo de lima o limón y saltear 3-4 minutos o hasta calentar.

4 porciones

Para este salteado rápido puede combinar las verduras que tenga a mano. Elíjalas de acuerdo con la temporada y según su gusto personal.

GUARNICIONES

El arroz y los fideos son parte importante de todas las comidas asiáticas. En este capítulo encontrará deliciosas recetas de platillos a base de arroz y fideos y algunos atractivos platillos de vegetales que son estupendos acompañamientos para cualquier comida.

Arroz indonesio

Brotes de bambú braseados

Col al ajonjolí

Vegetales verdes braseados

Frijoles con ajo

Arroz integral frito

Fideos especiados fríos

Arroz indonesio

Arroz indonesio

1 ½ taza/330 g/10 ½ oz de arroz basmati
2 cucharadas de aceite
2 cebollas, cortadas en tajadas
2 dientes de ajo, machacados
2 cucharaditas de comino molido
1 cucharadita de coriandro molido
2 cucharaditas de cardamomo molido
2 chiles rojos frescos, picados
2 ½ tazas/600 ml/1 pt de caldo de pollo
2 cucharadas de miel
1 cucharada de salsa de soja
2 cebollas de rabo, picadas

1   Colocar el arroz dentro de un bol, cubrirlo con agua caliente y dejarlo reposar 3 minutos. Escurrirlo.

2   Calentar el aceite en una sartén grande, añadir las cebollas y el ajo y saltear 4-5 minutos o hasta que las cebollas estén tiernas. Agregar el comino, el coriandro, el cardamomo, los chiles y el arroz y saltear 1 minuto. Combinar el caldo, la miel y la salsa de soja, verter la mezcla en la sartén, revolver y llevar a hervor. Bajar la llama y cocinar a fuego lento 10 minutos o hasta que el arroz absorba la mayor parte del líquido.

3   Bajar el fuego al mínimo, tapar la sartén y cocinar 5 minutos más o hasta que el arroz absorba todo el líquido. Mezclar con las cebollas de rabo y servir de inmediato.

6 porciones

El arroz basmati es una variedad aromática de origen oriental. Se cultiva tradicionalmente a los pies del Himalaya y se emplea profusamente en la cocina de la India. Su nombre significa "fragancia" y su particular aroma se percibe durante la cocción.

Brotes de bambú braseados

1 cucharada de aceite
1 cebolla, cortada en rodajas
1 pimiento rojo, cortado en dados
440 g/14 oz de brotes de bambú en lata, escurridos y cortados en láminas
1 cucharada de semillas de ajonjolí, tostadas
1 cucharada de jerez seco
2 cucharaditas de salsa de soja

1   Calentar el aceite en un wok o sartén, agregar la cebolla y el pimiento rojo y saltear 4-5 minutos o hasta que la cebolla esté tierna.

2   Añadir los brotes de bambú, las semillas de ajonjolí, el jerez y la salsa de soja y saltear 3-4 minutos más o hasta calentar. Servir de inmediato.

4 porciones

La salsa de soja es un ingrediente esencial de la cocina asiática. Los chinos usan dos tipos: la liviana y la oscura. Los cocineros occidentales suelen preferir la primera, que no es tan fuerte como la oscura.

COL AL AJONJOLÍ

La col china que se usa en esta receta está ampliamente difundida. Tiene el aspecto de una lechuga romana de hojas prietas. Sus hojas son de textura firme, color verde pálido y crespas. Si no se consigue, se puede reemplazar por col común, que también resulta deliciosa si se prepara de este modo.

1 cucharada de aceite de ajonjolí
1 cebolla, picada
60 g/2 oz de brotes de soja
½ col china, picada
2 chiles rojos frescos, picados
¼ taza/60 ml/2 fl oz de agua
pimienta negra recién molida

1 Calentar el aceite en un wok o sartén, añadir la cebolla y saltear 4-5 minutos o hasta que esté tierna.

2 Incorporar los brotes de soja, la col, los chiles y el agua y saltear 4-5 minutos más o hasta que la col esté tierna. Sazonar a gusto con pimienta negra y servir de inmediato.

4 porciones

VEGETALES VERDES BRASEADOS

2 cucharadas de aceite
1 cucharada de jengibre fresco rallado
2 cebollas, cortadas en rodajas y separadas en aros
500 g/1 lb de brócoli, separado en ramilletes
4 tallos de apio, cortados en tajadas al sesgo
6 tallos de espinaca, picados
250 g/8 oz de comelotodos
¾ taza/185 ml/6 fl oz de caldo de pollo
pimienta negra recién molida
8 cebollas de rabo, cortadas en tajadas al sesgo

1 Calentar el aceite en un wok o sartén, agregar el jengibre y las cebollas y saltear 2-3 minutos. Incorporar el brócoli y el apio y saltear 2-3 minutos más.

2 Añadir la espinaca y los comelotodos y saltear 2-3 minutos. Verter el caldo de pollo con la pimienta negra y llevar a hervor. Bajar el fuego, tapar el recipiente y cocinar a fuego lento 4-5 minutos o hasta que los vegetales estén apenas tiernos. Agregar las cebollas de rabo y servir de inmediato.

6 porciones

*Col al ajonjolí,
Ejotes con ajo*

EJOTES CON AJO

1 taza/250 ml/8 fl oz de caldo de pollo
250 g/8 oz de ejotes
1 cucharada de aceite
2 dientes de ajo, machacados
4 cebollas de rabo, cortadas en tajadas al sesgo
2 cucharaditas de salsa de soja
1 cucharadita de aceite de ajonjolí

1   Colocar el caldo en una cacerola y llevar a hervor. Añadir los ejotes y cocinar 10 minutos o hasta que estén tiernos. Escurrir y refrescar bajo agua corriente fría.

2   Calentar el aceite en un wok o sartén, incorporar el ajo y las cebollas de rabo y saltear 1 minuto. Agregar los ejotes, la salsa de soja y el aceite de ajonjolí y saltear 2-3 minutos o hasta calentar. Servir de inmediato.

4 porciones

Para limpiar un wok, lávelo con agua (no use detergente) y séquelo muy bien. La mejor manera de secarlo es ponerlo sobre fuego suave durante pocos minutos.

ARROZ INTEGRAL FRITO

1 ¹/₂ taza/330 g/10 ¹/₂ oz de arroz integral
2 cucharadas de aceite de cacahuate
2 tallos de apio, picados
1 pimiento rojo, picado
2 dientes de ajo, machacados
2 huevos, ligeramente batidos
60 g/2 oz de chícharos, cocidos
4 cebollas de rabo, picadas
1 cucharada de salsa de soja

1 Cocinar el arroz en agua hirviente hasta que esté tierno. Escurrirlo, esparcirlo sobre una fuente y refrigerar hasta que se enfríe.

2 Calentar el aceite en un wok o sartén, agregar el apio, el pimiento rojo y el ajo y saltear 4-5 minutos o hasta que los vegetales estén apenas tiernos. Retirarlos del recipiente y reservarlos.

3 Verter los huevos en el recipiente y cocinar sobre fuego suave hasta que cuajen. Picarlos groseramente y reservarlos.

4 Añadir el arroz al recipiente y saltear para separar los granos. Incorporar de nuevo los vegetales y los huevos, agregar los chícharos, las cebollas de rabo y la salsa de soja y saltear 3-4 minutos o hasta calentar.

4 porciones

A pesar de que no es tradicional –los chinos no usan arroz integral–, esta versión del arroz frito resulta deliciosa. Se puede, por supuesto, usar arroz blanco si se prefiere.

FIDEOS ESPECIADOS FRÍOS

500 g/1 lb de fideos al huevo
2 cucharaditas de aceite de ajonjolí
6 cebollas de rabo, finamente picadas

SALSA ESPECIADA
3 cucharadas de pasta de ajonjolí
¹/₂ cucharadita o cantidad a gusto de chile en polvo
2 dientes de ajo, finamente picados
2 cucharadas de salsa de soja
1 cucharadita de azúcar

1 Cocinar los fideos en agua hirviente, dentro de una cacerola grande, siguiendo las instrucciones del envase. Colarlos y enjuagarlos con agua corriente fría. Escurrirlos y dejarlos enfriar por completo.

2 Para hacer la salsa, disponer en una procesadora o licuadora la pasta de ajonjolí, el chile en polvo, el ajo, la salsa de soja y el azúcar y procesar para combinar.

3 Mezclar los fideos fríos con el aceite de ajonjolí y colocarlos en un cuenco. Verter sobre ellos la salsa, remover para integrar bien y esparcir encima las cebollas de rabo.

6 porciones

Los fideos son un alimento básico importante en el norte de China, donde el clima es demasiado frío para el cultivo del arroz. Este platillo a base de fideos se sirve frío y resulta muy indicado para llevar al trabajo o a un picnic.

Arroz integral frito

POSTRES

Aunque los chinos disfrutan de las especialidades dulces, rara vez las sirven al final de las comidas, como es costumbre en las culturas occidentales. La opción más popular para cerrar una comida es la fruta fresca de estación. Las recetas de este capítulo son livianas y refrescantes y constituyen el broche perfecto para una comida china o asiática.

Tarteletas de natillas

Manzanas acarameladas con ajonjolí

Mousse de mandarina y lychee

Frutas con natillas de coco

Tarteletas de natillas

TARTELETAS DE NATILLAS

375 g/12 oz de masa para tarta
$^1/_2$ taza/125 g/4 oz de azúcar
$^3/_4$ taza/185 ml/6 fl oz de agua
3 huevos, ligeramente batidos
$^1/_3$ taza/90 ml/3 fl oz de leche

1   Estirar la masa hasta dejarla de 3 mm/$^1/_8$ in de espesor y, con un cortante de 8 cm/3 $^1/_4$ in, cortar 24 discos. Forrar con ellos moldes para tarteletas ligeramente untados con mantequilla.

2   Colocar el azúcar y el agua en una cacerola y cocinar sobre fuego medio, sin que hierva y revolviendo constantemente, hasta que el azúcar se disuelva y se forme un almíbar. Retirar del fuego y dejar enfriar.

3   Unir el almíbar frío con los huevos y la leche. Verter la mezcla dentro de los moldes forrados con masa y hornear 10 minutos. Bajar la temperatura a 180°C/350°F/Gas 4 y cocinar 10 minutos más o hasta que las natillas cuajen.

24 unidades

Temperatura del horno
220°C, 400°F, Gas 6

Las tarteletas de natillas aparecen en muchos menúes de Yum Cha. No sólo son deliciosas, sino también sorprendentemente fáciles de hacer.

MANZANAS ACARAMELADAS CON AJONJOLÍ

6 manzanas, sin los centros, peladas
y cortadas en cuartos
$^1/_4$ taza/30 g/1 oz de harina
1 cucharada de almidón de maíz
2 claras
aceite para freír

CARAMELO CON AJONJOLÍ
1 taza/250 g/8 oz de azúcar
$^1/_3$ taza/90 ml/3 fl oz de agua
1 cucharada de semillas de ajonjolí

1   Empolvar las manzanas con una pequeña parte de la harina. Disponer la harina restante y el almidón de maíz dentro de un bol, añadir las claras mientras se revuelve y mezclar para obtener una pasta lisa.

2   Calentar abundante aceite en una cacerola honda hasta que un cubo de pan se tueste en 50 segundos. Sumergir los trozos de manzanas en la pasta y freír pocos por vez hasta dorar. Escurrir sobre papel absorbente.

3   Para hacer el caramelo, colocar el azúcar y el agua en una cacerola y cocinar sobre fuego medio, sin que hierva y revolviendo constantemente, hasta que el azúcar se disuelva. Llevar a hervor, sin revolver, y cocinar hasta lograr un caramelo claro. Retirar del fuego y mezclar con las semillas de ajonjolí.

4   Sumergir los trozos de manzanas en el caramelo caliente y enseguida pasarlos a un bol que contenga agua helada, para que el caramelo solidifique. Servir calientes.

6 porciones

La preparación y cocción de esta delicia exigen un poco de tiempo, pero el esfuerzo vale la pena. Otras frutas, como plátanos y naranjas, también resultan exquisitas si se cocinan de este modo.

*Derecha: Mousse de mandarina y lychee
Página opuesta: Frutas con natillas de coco*

MOUSSE DE MANDARINA Y LYCHEE

315 g/10 oz de gajos de mandarinas en lata, escurridos, y ¹/₄ taza/60 ml/2 fl oz de su jugo
440 g/14 oz de lychees en lata, escurridos, y ¹/₂ taza/125 ml/4 fl oz de su jugo
3 cucharaditas de gelatina
¹/₂ taza/125 ml/4 fl oz de crema
¹/₂ taza/125 g/4 oz de crema agria

1   Colocar los jugos de mandarinas y lychee dentro de un bol térmico y apoyarlo sobre una cacerola con agua que hierva lentamente. Espolvorear la gelatina sobre los jugos y cocinar, revolviendo con frecuencia, 10 minutos o hasta que la gelatina se disuelva. Retirar del fuego y dejar enfriar.

2   Disponer las mandarinas y los lychees en una procesadora o licuadora y procesar hasta lograr una textura lisa. Pasar este puré a un bol, revolver mientas se añaden la gelatina disuelta, la crema doble y la ácida y mezclar bien para unir. Distribuir la mousse en copas y refrigerar hasta que esté firme.

4 porciones

Los lychees, originarios del sur de China, son los frutos del árbol llamado litchi. Pequeños, de sabor delicado, tienen la pulpa blanca y la piel marrón y áspera.

FRUTAS CON NATILLAS DE COCO

1 piña pequeña, cortada en rodajas
250 g/8 oz de fresas
¹/₂ melón cantaloupe, cortado en tajadas
2 kiwis, cortados en rodajas

NATILLAS DE COCO
4 huevos
¹/₃ taza/90 g/3 oz de azúcar
1 taza/250 ml/8 fl oz de leche de coco
1 taza/250 ml/8 fl oz de leche

1　Para hacer las natillas, colocar los huevos y el azúcar en un bol térmico y batir hasta alcanzar un punto espeso y cremoso. Verter la leche de coco y la leche. Apoyar el bol sobre una cacerola con agua que hierva lentamente y cocinar, revolviendo constantemente, hasta que las natillas espesen.

2　Distribuir las frutas en platos, de manera atractiva, salsear con las natillas y servir de inmediato.

6 porciones

No reserve este postre exclusivamente para una comida al estilo asiático.

TOSTADAS DE LANGOSTINOS CON AJONJOLÍ

185 g/6 oz de langostinos crudos,
pelados y desvenados
1 cucharadita de jengibre fresco rallado
1 diente de ajo, machacado
2 cucharaditas de almidón de maíz
1 clara
$\frac{1}{8}$ cucharadita de polvo de cinco especias
pimienta negra recién molida
4 rebanadas finas de pan
blanco, descortezadas
3 cucharadas de semillas de ajonjolí
aceite para freír

1   Colocar en una procesadora los langostinos, el jengibre, el ajo y el almidón de maíz y procesar para moler los langostinos.

2   Colocar la clara en un bol y batir ligeramente con un tenedor hasta alcanzar un punto espumoso. Unir la clara con la mezcla de langostinos. Añadir el polvo de cinco especias y sazonar a gusto con pimienta negra.

3   Distribuir la preparación sobre las rebanadas de pan; debe resultar una capa pareja y compacta. Esparcir encima las semillas de ajonjolí y presionar con firmeza. Calentar 2 cm/³/₄ in de aceite en una sartén grande. Colocar en ella las rebanadas de pan preparadas, con el ajonjolí hacia abajo, y freír 2-3 minutos o hasta dorar. Para que se mantengan sumergidas durante la cocción, apoyar arriba un trozo de pescado. Retirar las tostadas de la sartén, escurrirlas sobre papel absorbente, cortarlas en barritas y servir de inmediato.

4 porciones

ATADITOS CHINOS

250 g/8 oz de brotes de bambú en lata,
escurridos
4 cebollas de rabo
250 g/8 oz de carne de cerdo magra, molida
$^1/_2$ cucharadita de jengibre fresco rallado
1 clara
2 cucharaditas de salsa de soja
20 cuadrados de 12,5 cm/5 in de lado de masa
para arrolladitos primavera o wontons

3 Disponer una cucharadita de la mezcla de cerdo en el centro de cada cuadrado de masa, levantar los costados y hacer un pellizco para imitar la forma de un monedero. Acomodar los ataditos en una vaporera de bambú, ubicarla sobre una cacerola con agua hirviente y cocinar 20 minutos.

Para evitar que la masa para arrolladitos primavera o wontons se seque y se torne quebradiza, cúbrala con un paño húmedo hasta el momento de usarla.

20 unidades

Para lograr una cocción pareja, controle que los ataditos no se toquen entre sí al ubicarlos en la vaporera.

1 Picar finamente los brotes de bambú y las cebollas de rabo.

2 Colocar en un bol los brotes de bambú, las cebollas de rabo, el cerdo, el jengibre, la clara y la salsa de soja y mezclar para integrar.

NASI GORENG

1 taza/220 g/7 oz de arroz de grano largo
3 cucharadas de aceite
2 cebollas, cortadas en tajadas
2 dientes de ajo, machacados
2 chiles verdes pequeños, frescos,
sin semillas y picados
185 g/6 oz de lomo de cerdo,
cortado en dados
185 g/6 oz de pechugas de pollo deshuesadas,
cortadas en dados
$^1/_4$ cucharadita de chile en polvo
1 cucharadita de páprika
2 cucharadas de salsa de soja
250 g/8 oz de langostinos cocidos,
pelados y desvenados
1 huevo
1 cucharadita de agua
15 g/$^1/_2$ oz de mantequilla

2   Calentar el aceite en un wok o sartén,
añadir las cebollas, el ajo y los chiles y saltear
2 minutos. Incorporar el cerdo y el pollo
y saltear 10 minutos o hasta que estén cocidos.
Agregar el chile en polvo, la páprika, la salsa
de soja, los langostinos y el arroz y
saltear 5-6 minutos más o hasta calentar.
Pasar a una fuente y reservar al calor.

Con un wok pesado de
hierro se logran mejores
resultados que con uno
liviano de acero inoxidable
o aluminio.

1   Cocinar el arroz en agua hirviente
12 minutos o hasta que esté tierno. Escurrir,
enjuagar bien y volver a escurrir.

*" Una espátula o cuchara de metal con mango largo es el utensilio
ideal para revolver los alimentos mientras se saltean en un wok."*

3 Colocar en un bol el huevo y el agua y batir ligeramente para integrar. Derretir la mantequilla en una sartén pequeña, verter la mezcla e inclinar la sartén para que el huevo forme una capa fina. Cocinar sobre fuego suave 2-3 minutos o hasta que cuaje y se dore en la base. Deslizar sobre una tabla, enrollar y cortar espirales. Ubicarlas sobre la preparación de arroz y servir de inmediato.

4 porciones

ARROZ FRITO CHINO

2 cucharadas de aceite
6 cebollas de rabo, picadas
125 g/4 oz de hongos, picados
$^{1}/_{2}$ pimiento rojo, picado
$^{1}/_{2}$ pimiento verde, picado
1 taza/220 g/7 oz de arroz de grano
largo, cocido y frío
250 g/8 oz de langostinos cocidos,
pelados y desvenados
125 g/4 oz de jamón, cortado en dados
$^{1}/_{2}$ cucharadita de jengibre molido
$^{1}/_{4}$ cucharadita de pimienta de Cayena

3 Añadir los langostinos, el jamón, el jengibre y la pimienta de Cayena y saltear 3-4 minutos más o hasta calentar.

Una de las maneras más fáciles de cocinar el arroz para luego freírlo es hacerlo en microondas. Coloque 1 taza/220 g/7 oz de arroz y 2 tazas/500 ml/16 fl oz de agua dentro de un recipiente grande apto para microondas. Cocine, sin tapar, en MÁXIMO (100%) 12-15 minutos o hasta que el arroz absorba el líquido. Tape y deje reposar 5 minutos. Remueva con un tenedor y deje enfriar antes de utilizar.

1 Calentar el aceite en un wok o sartén, agregar las cebollas de rabo, los hongos y los pimientos rojo y verde y saltear 2-3 minutos.

2 Incorporar el arroz y saltear 3 minutos más.

4 porciones

Pinceles de fideos

1 Para cada pincel se necesitan 15 fideos somen y una tira de alga nori.

2 Dividir los fideos en trozos de aproximadamente 10 cm/4 in de largo. Envolver con la tira de alga nori la parte central de cada manojo de fideos; humedecer los extremos del alga con un poco de clara para que se adhieran. Dejar secar durante unos minutos.

3 Cortar por el medio de la tira de alga para obtener dos pinceles. Calentar aceite en una cacerola grande hasta que un cubo de pan se tueste en 50 segundos. Incorporar los pinceles de fideos y freír alrededor de 30 segundos o hasta que los fideos se separen y se doren. Retirar y escurrir sobre papel absorbente.

Con los delgados fideos japoneses de trigo llamados somen se hacen estos originales pinceles que se usan para decorar comidas fritas. Resultan atractivos para la vista y gratos para el paladar.

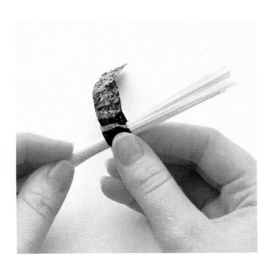

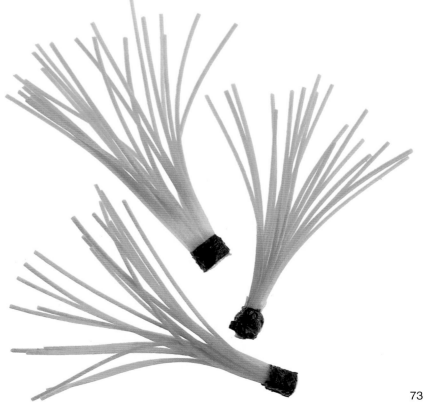

ROLLITOS DE HUEVO Y ALGAS

3 huevos
1 cucharada de agua fría
2 hojas de alga nori

1   Colocar en un bol los huevos y el agua y batir para integrar. Reservar.

2   Para tostar las hojas de alga, sostenerlas sobre la llama del gas o sobre un anafe eléctrico graduado en calor mediano y cuidar que no se quemen.

Las algas nori son uno de los seis tipos de algas comestibles que se consumen en Japón. Se consiguen en tiendas de comestibles asiáticos.

3   Reservar 1 cucharada de la mezcla de huevo. Verter un cuarto del resto en una sartén untada con mantequilla y cocinar, de un solo lado, hasta que cuaje. Retirar y reservar. Repetir con los otros tres cuartos de la mezcla, para obtener 4 omelettes.

4   Cortar las algas tostadas en trozos de tamaño similar al de las omelettes. Sobre una esterilla de bambú disponer una omelette, con el lado cocido hacia abajo. Apoyar encima un trozo de alga. Seguir superponiendo omelettes y algas hasta terminar con los ingredientes. Enrollarlas con ayuda de la esterilla y sellar los bordes con la mezcla de huevo reservada. Dejar enfriar, quitar la esterilla y cortar espirales.

8 unidades

HOJUELAS DE LANGOSTINOS

Las hojuelas de langostinos se consiguen en tiendas de comestibles asiáticos y en algunos supermercados.

Para cocinarlas, calentar aceite en una cacerola grande hasta que alcance temperatura moderada. Para probar, dejar caer una hojuela dentro del aceite y verificar que se infle y suba a la superficie casi de inmediato. Freír pocas hojuelas por vez y retirarlas en cuanto suban a la superficie. Escurrirlas sobre papel absorbente. Servir de inmediato, o dejar enfriar y envasar en un recipiente hermético hasta el momento de saborear.

Las hojuelas de langostinos también se pueden cocinar en microondas; es un método que no requiere materia grasa. Disponga las hojuelas sobre papel absorbente y cocínelas en MÁXIMO (100%) hasta que resulten infladas y crujientes.

CÓMO USAR LOS PALILLOS

Los palillos son los cubiertos tradicionales en China y algunos otros países asiáticos. Con un poco de práctica y conocimientos, estos utensilios que en el primer intento nos hacen sentir torpes se tornan fáciles de usar. Siga estas sencillas indicaciones y aprenda a manejarlos correctamente.

1 Con la mano derecha sostener un palillo entre la base del pulgar y el extremo del dedo mayor. Mantener los dedos ligeramente curvados.

2 Sostener el segundo palillo entre el extremo del pulgar y el extremo del dedo índice.

3 Para tomar los alimentos, dejar fijo el palillo inferior y mover el superior de arriba hacia abajo.

INGREDIENTES ASIÁTICOS

BROTES DE BAMBÚ: Son los brotes jóvenes comestibles de ciertos tipos de bambú. Se consiguen, en latas, en tiendas de comestibles asiáticos y en algunos supermercados. Son de color amarillo pálido y tienen una textura crujiente.

FRIJOLES NEGROS: También conocidos como frijoles negros salados, son frijoles de soja pequeños y de color negro. Su sabor único se logra fermentándolos con sal y especias. Tienen un sabor ligeramente salado y un aroma intenso, y por lo general se usan como condimento. Se consiguen, en latas, en tiendas de comestibles asiáticos. Los que no se utilicen se conservan por mucho tiempo si se guardan en un recipiente hermético, dentro del refrigerador.

PASTA DE CHILE (SAMBAL OELEK): Es una pasta de chiles con sal que se emplea como ingrediente y como condimento.

SALSA DE CHILE: La de origen chino es una salsa picante de color rojo brillante, elaborada a base de chiles, vinagre, azúcar y sal. A veces se usa en la cocina, pero es más popular como acompañamiento de especialidades como los arrolladitos primavera y los wontons. Si resulta demasiado fuerte se puede diluir con una pequeña cantidad de agua caliente.

HONGOS CHINOS SECOS: Son bastante costosos, pero unos pocos otorgan un sabor único a cualquier platillo. Para usarlos, colocarlos en un bol, cubrirlos con agua hirviente y dejarlos en remojo 20 minutos o hasta que estén tiernos. Exprimirlos para eliminar el exceso de líquido, descartar los tallos duros y usar los hongos como indique la receta. Para realzar el sabor, es común incorporar también el líquido del remojo a la preparación.

POLVO DE CINCO ESPECIAS: Este polvo pungente, fragante, especiado y levemente dulzón es una mezcla de anís estrellado, pimienta de Sichuan, hinojo, clavos de olor y canela.

FIDEOS AL HUEVO: Los fideos orientales chatos se usan por lo general para sopas, mientras que los redondos se sirven con salsas y son indicados para salteados. También se sirven como acompañamiento, en reemplazo del arroz.

SALSA DE PESCADO: Es un líquido que se obtiene por fermentación de anchoas saladas. Es un ingrediente esencial en las cocinas tailandesa y vietnamita.

ARROZ GLUTINOSO: Es de grano redondo y se usa para rellenos y postres. Si no se consigue, se puede reemplazar por arroz de grano corto.

SALSA HOISIN: También llamada salsa china para asados, es espesa y de color marrón oscuro. Se obtiene a partir de frijoles de soja, vinagre, azúcar, especias y otros aromatizantes. Tiene un sabor dulzón, especiado, y se usa principalmente en la cocina del sur de China.

RAÍZ DE LOTO: Como su nombre lo indica, es la raíz de la planta del loto, que en la India y en China se considera sagrada. Su empleo está muy extendido en las cocinas china y japonesa. Se comercializa en latas o seca. Si se usa seca, hay que remojarla 20 minutos en agua caliente con $1/2$ cucharadita de jugo de limón.

SALSA DE OSTRAS: Se obtiene a partir de un concentrado de ostras cocidas en salsa de soja y salmuera. Es espesa, de color marrón oscuro y aroma intenso. Se usa como ingrediente culinario y como condimento.

SALSA DE CIRUELAS: Es un mojo muy popular, que se elabora a partir de ciruelas conservadas en vinagre, azúcar, chiles y especias.

FIDEOS DE ARROZ: También llamados vermicelli de arroz o palitos de arroz, su

Existen muchas variedades de hongos chinos secos. Son bastante costosos, pero se conservan por mucho tiempo y otorgan sabor y aroma característicos a muchos platillos chinos. Guárdelos en un recipiente hermético.